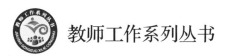
教师工作系列丛书

U0580318

教师教育课程标准 (试行)

解读

Jiaoshi Jiaoyu Kecheng Biaozhun Jiedu

教育部教师工作司　组编

北京师范大学出版集团
BEIJING NORMAL UNIVERSITY PUBLISHING GROUP
北京师范大学出版社

图书在版编目 (CIP) 数据

教师教育课程标准(试行)解读／教育部教师工作司组编.
—北京：北京师范大学出版社，2013.1 (2021.8重印)
（教师工作系列丛书）
ISBN 978-7-303-15394-7

Ⅰ. ①教… Ⅱ. ①教… Ⅲ. ①学前教育－课程标准－
师资培训－教学参考资料②中小学－课程标准－师资培训－
教学参考资料 Ⅳ. ① G615 ② G632.3

中国版本图书馆 CIP 数据核字（2012）第 213325 号

营 销 中 心 电 话   010－58802135 58802786
北师大出版社教师教育分社微信公众号   京师教师教育

出版发行：北京师范大学出版社 www.bnupg.com
          北京市西城区新街口外大街 12－3 号
          邮政编码：100088
印   刷：保定市中画美凯印刷有限公司
经   销：全国新华书店
开   本：730 mm×980 mm 1/16
印   张：11.5
字   数：195 千字
版   次：2013 年 1 月第 1 版
印   次：2021 年 8 月第 9 次印刷
定   价：25.00 元

责任编辑：倪 花 陈红艳   美术编辑：高 霞
责任校对：李 菡   责任印制：马 洁

教师工作系列丛书
■ 编 委 会 ■

主 任：许 涛

副主任：葛振江 殷长春

编 委：陈 武 董 萍 于兴国 郭春鸣
　　　　黄 伟 唐 筠 宋 磊

教师教育课程标准(试行)解读
━━ 编 委 会 ━━

主　编：钟启泉　崔允漷

编　委：（按姓氏笔画为序）

王小平　王少非　王冰如　王艳玲

付黎黎　刘良华　杨澄宇　吴刚平

余进利　汪贤泽　汪明帅　张文军

邵朝友　范　敏　周文叶　郑东辉

胡惠闵　柯　政　钟启泉　洪志忠

夏雪梅　崔允漷

序

"善之本在教，教之本在师"。教师是学生健康成长的引路人和指导者，是人类文明的传承者和创造者，是社会美好价值的坚守者和弘扬者，是建设美丽中国和托举中华民族复兴梦想的重要力量。

"国将兴，必贵师而重傅"。党和国家历来高度重视教师队伍建设，新中国成立以来特别是改革开放以来，牢牢确立了教师在教育事业中优先发展的战略地位，牢牢把握了以教师为主体的核心立场，牢牢树立了教师专业化发展的基本导向，教师队伍建设取得了历史性的重大成就。我国已经形成了一支规模居世界前列的教师队伍，支撑起了世界上最大规模的教育体系，基本满足了我国教育事业发展需要。教师的经济和社会地位明显提升，教师的工作和生活条件明显改善，教师培养培训和管理工作不断加强，教师队伍整体素质不断提升。一批又一批可歌可泣的先进人物和教书育人的楷模典范，充分展示了学为人师、行为世范的人格魅力，为全社会树立了光辉的榜样。

教师强则教育强，教育强则国家强。党的"十八大"报告把教育放在改善民生和加强社会建设之首，强调要"加强教师队伍建设，提高师德水平和业务能力，增强教师教书育人的荣誉感和责任感"。今年9月7日，国务院召开了全国教师工作暨"两基"工作总结表彰大会，会前印发了新中国成立以来第一个全面部署教师工作的纲领性文件《关于加强教师队伍建设的意见》，发出了全面加强教师队伍建设的进军令。

当前，我国教育改革发展已经进入到了全面提高教育质量、努力办好人民满意教育的历史新阶段，加强教师队伍建设是最重要的基础性工作。要坚持师德为先，把师德教育融入教师职前培养、准入、职后培训和管理的全过程，建立健全教育、宣传、考核、监督与奖惩相结合的师德建设工作机制，引导广大教师教书育人、立德树人。要坚持能力为重，完善教师队伍建设标准体系，提高教师培养培训质量，提升教师专业化水平，营造有利于教育高端人才成长的环境，造就一批教育家。要坚持统筹协调，统筹区域之间、城乡之间、校际之间的师资配置，促进教师交流，加快缩小差距，使各级各类教师队伍的结构上科学合理，规模上满足需求，质量上显著提升。要坚持改革创新，改革教师收入分配制度，严格教师资格和准入退出制度，完善教师考评标准，健全教师社会保障制度，以开放的思路、灵活的政策，吸引社会各方面力量支持教师队伍建设，让广大教师的育人环境更好、发展空间更大，使教师成为全社会更受尊敬、更令人向往的职业。

在全党全社会深入学习贯彻党的"十八大"精神之际，教育部教师工作司组织编写的《教师工作系列丛书》(以下简称《丛书》)即将出版，很及时，也很有意义。《丛书》广泛汇集专家学者的思想智慧，及时总结推广教师队伍建设工作的最新研究成果，集中展示教师工作改革发展的生动实践和典型经验，对于贯彻落实党的"十八大"精神，全面加强和改进新形势下的教师队伍建设工作，具有很强的指导性。相信《丛书》的出版，将进一步凝聚教师工作改革动力和创新智慧，进一步丰富教师队伍建设的理论和实践成果，为建设高素质专业化教师队伍，在更高起点上推进教育事业科学发展作出积极的贡献！

是为序。

教育部副部长

刘利民

2012 年 12 月

前　言

从"师范教育"走向"教师教育"，这是教育发展的时代要求与必然趋势！

我们提倡用"教师教育"取代"师范教育"，绝不是玩什么文字游戏，而是意味着教师专业发展观的转变。"教师教育"概念的提出，至少包含这样三方面的含义：第一，教师培养的渠道由单一封闭走向多元开放，需要横向整体规划；第二，教师培养的过程由职前培养走向终身发展，需要纵向一体化设计；第三，教师形象由"教学技术员"走向"反思性实践者"，需要提升专业品质。

2005 年，教育部启动了"教师教育改革工程"，旨在消除原有教师教育制度及其课程的弊端，确立新的教师教育发展模式，形成一套科学的教师教育标准体系。《教师教育课程标准(试行)》(以下简称《课程标准》)旨在解决一直存在的教师教育课程目标定位偏差、课程内容过于陈旧、课程时数偏少、课程实施质量偏低，以及教师教育体系从封闭走向开放之后出现的课程设置失范等现象，期望通过标准的建立，规范和引导教师教育课程的设置和运行，切实提高教师教育的质量，为每一位教师的成长提供专业的课程保障。

在教育部的领导下，由我牵头，以崔允漷、胡惠闵、吴刚平、张华、李季湄、王少非、惠中、张文军等教授为核心的研究团队，通过竞标的方式，承担了《教师教育课程标准》的研制任务。通过深入的研究、持续的对话以及实践中的试验，历经 8 年，该团队递交了《教师教育课程标准(送审稿)》。2011 年 10 月，教育部正式颁布了《教师教育课程标准(试行)》(教师[2011]6号)。《课程标准》是我国教育史上第一部关于教师教育课程的国家标准，它体现了国家对教师教育课程的基本要求，是制定教师教育课程方案、编写教材、建设课程资源以及开展教学和评估活动的依据。

为了更好地理解《课程标准》的知识基础、课程理念、目标设置、课程结构与学分设置，受教育部委托，该团队编写了《教师教育课程标准(试行)》解读一书。全书共十一章。第一章至第三章，试图从理论层面阐明教师教育语境下关于教师专业素养的共识，并特别探讨了教师专业素养的一个核心部分——教师知识——研究的新进展。第四章至第六章，试图从实践层面梳理教师教育课程改革的国际趋势和我国教师教育课程改革的基本经验，厘清我国当前教师教育课程所存在的主要问题。第七章至第十一章，试图对《课程标准》中涉及的课程理念、目标设置、课程结构与学分设置等核心内容，包括实施过程中涉及的教师教育课程方案编制、教材编写与资源建设等重要策略进行阐释。本书还包括两个附录，一是教师教育课程标准(试行)，二是《课程标准》研制历程与问题回应，前者是"解读类"书籍的常规，后者是为了与读者分享我们的研究历程与共识。

正如《教师教育课程标准(送审稿)》是团队攻关的成果，本书也是集体智慧的结晶。全书由崔允漷统筹策划，各章的具体分工如下：第一章，钟启泉、王艳玲；第二章，崔允漷、周文叶；第三章，王艳玲、王少非；第四章，张文军、钟启泉；第五章，胡惠闵、夏雪梅；第六章，刘良华、汪贤泽；第七章，钟启泉、王艳玲；第八章，崔允漷、周文叶；第九章，周文叶、崔允漷；第十章，余进利、柯政、王少非；第十一章，吴刚平、郑东辉、范敏；附录二由胡惠闵、崔允漷整理。全书统稿工作由我、崔允漷、胡惠闵总负责，汪明帅、邵朝友、杨澄宇、付黎黎、洪志忠、王冰如、王小平等协助做了许多具体的工作。除了以上人员外，《课程标准》研制过程中的众多咨询专家、调查访谈对象、测试单位的同行也为本书贡献了他们的智慧，谨在此一并致谢！

钟启泉

2012 年 12 月

目　　录

第一章 从"师范教育"走向"教师教育"

从"师范教育"走向"教师教育"是国际教育发展的趋势。随着教育理论的更新以及教师教育自身的发展，终结性的"师范教育"已经不能反映教师培养和培训的实际，不能反映教师教育的发展需要和未来特征。在我国，开放性、终身性的"教师教育"新体系，也正在取代原有的"师范教育"体系。《教师教育课程标准（试行）》正是立足于这一现实，旨在推动从"师范教育"到"教师教育"的观念更新，尤其是推进教师教育课程体系的整体变革。

一、从"师范教育"到"教师教育"：概念的转变及特征

2001 年，我国在《国务院关于基础教育改革与发展的决定》中首次用"教师教育"的概念，取代了长期使用的"师范教育"概念，提出"完善以现有师范院校为主体、其他高校共同参与、培养培训相衔接的开放的教师教育体系"。2003 年，教育部在《2003－2007 年教育振兴行动计划》中又一次明确提出并具体阐述了构建教师教育体系的任务，指出要"构建以师范大学和其他举办教师教育的高水平大学为先导，专科、本科、研究生三个层次协调发展，职前和在职教育相互沟通，学历与非学历教育并举，促进教师专业发展和终身学习的现代教师教育体系"。这是对教师教育现状的客观反映和对教师教育未来发展趋势的把握。"教师教育"这一概念，意味着将教师的职前培养、入职教育和在职培训连成一体，将教师教育过程视为一个可持续发展的终身教育过程，

体现了教师教育连续性、一体化与可持续发展的特征。

毋庸置疑,我国的师范教育系统曾经发挥过相当大的作用。新中国成立以来,尤其是20世纪80年代以来,我国师范教育取得了巨大的成就,支持和保证了全世界最大的基础教育事业的师资供给,为教育事业的改革发展作出了历史性贡献,可以说没有师范教育的成就,也就没有基础教育的今天。抹杀了师范教育的成就,也就抹杀了中国教育的成就。① 但随着我国教育事业的发展,包括教师培养、培训本身的改革与发展,"师范教育"这一概念已经不能反映我国教师培养和培训的实际情况。我国"师范教育"体系的特征可以归结为三个方面。

第一,封闭性。我国的师范教育系统是独立设置的,具有其固有的封闭特性。师范院校从低级到高级自成一体,普遍实行定向招生、定向培养、定向分配和免交学费政策,师资队伍一度都是师范毕业生,拒绝非师范院校毕业生进入教师队伍。

第二,理论性。教育类课程以讲授教育学、心理学、教学法理论、原理为主,注重学科体系的完整性,与中小学教育实际相结合的教育实践性课程普遍受到忽视。

第三,终结性。教师培养局限于职前培养,且职前培养是一次性、终结性的,教师的专业发展、继续教育缺乏制度保障;教师的职前培养与在职培训相脱离,缺乏整体规划。

"师范教育"体现了特定历史阶段我国社会和教育发展的要求。作为特定历史阶段的特定概念,它的局限性在于:片面强调教师的定向和计划培养,缺乏开放与竞争;突出教师的职前培养,忽视教师的在职培训和终身教育;强调学科专业基础、学术能力,教育类课程课时比例低、内容陈旧、教法单一,普遍不受重视。当前,我国教育发展水平不断提高,一方面,随着新课程改革的推进,基础教育对教师的质量提出了更高的要求;另一方面,20世纪90年代后期以来,由于高等教育的结构调整和规模扩张,师范院校专门从

---

① 管培俊. 关于教师教育改革发展的十个观点[J]. 教师教育研究,2004(4):3-7.

事教师教育的体系被突破，综合性大学和其他高校参与到教师教育活动中来；再加上教师供求关系的变化，我国教师教育的主要矛盾已经突出地表现为提高质量的要求与提高质量的能力之间的矛盾。[①] 我国的教师培养模式已经发生了一些变化，新的教师培养方式业已出现，"师范教育"已经不能反映教师教育的发展需要和未来特征。因此，由"师范教育"到"教师教育"的观念更新成为必然。

"教师教育"概念体现了如下一些特征。

第一，开放性。实行开放的教师资格制度，替代师范生的定向招生、定向分配制度。从培养机构来看，可以由独立设置的教师教育院校来培养教师，也可以由综合性大学和专门的理工大学设置的教育学院来培养教师，还可以是各类学校与大学合作来培养教师。

第二，专业性。教师不仅是一种职业，还是一种特殊的专业，教师专业化和教师教育工作者的专业化成为教师教育的依据和导向。教师教育成为一个专门的研究领域和学术领域，逐渐建立起自己的学术规范和学术标准。[②]

第三，终身性。教师发展终身化和教师教育一体化。"一朝受教、终身受用"的观念得到更新，教师的持续发展和继续教育被认为是提高教育质量的关键，国家对教师的培养和培训从理念、课程到机构、资格制度进行全程规划，教师的职前培养和在职培训一体化。

二、"教师教育"概念隐含的发展脉络

教师教育是我国教育的重要组成部分，是基础教育师资的主要来源和质量的重要保证。构建现代教师教育制度，全面提高教师教育的质量，是我国全面建设小康社会的重要保障。我国倡导用"教师教育"替代原来的"师范教育"，名称的变化具有深刻的意义。"教师教育"的概念隐含了三个发展脉络。

---

①　袁振国. 从师范教育向教师教育的转变[J]. 中国高等教育，2004(5)：29-31.

②　钟启泉. 教师专业化：理念、制度、课题[J]. 教育研究，2001(12)：12-16.

(一)教师培养的渠道由单一封闭走向多元开放

我国的高等师范教育体系是在 20 世纪 50 年代初构建起来的,与其他科类高等教育体系一样,具有较大的封闭性。在知识经济时代,与整个社会的变革同步,教师的培养和培训必须打破原有的由师范院校培养教师的单一模式,引入市场竞争机制,吸收非师范教育资源,形成多样化的教师培养体系,使"定向型"教师培养模式与"开放型"教师培养模式并存。当然,强调教师教育要从封闭走向开放、综合性大学参与教师教育以及师范院校加强综合性,等等,并不意味着削弱师范院校培养教师的职能,更不是要淡化、甚至取消教师教育,而是要在更大范围内动员和利用优质资源来培养教师,在开放的环境下和多学科综合的背景下、在更高水平的学术平台上培养高素质教师,在更大范围内选择教师。打破师范院校"专营"教师教育的格局,面向社会认定教师资格,也要从整体上规范教师培养过程和资格认证过程。在多元开放的教师教育时代,要保证教师的培养和培训达到一定的水准,就必然要求各类教师教育机构都有章可循,有据可依。《教师教育课程标准(试行)》发挥的正是这一功能,此外,还要制定教师教育课程质量认证制度,不断完善教师资格认证制度。这样,各类教师教育机构才能以《教师教育课程标准(试行)》等文件为基准,创造性地开展教师教育。

在教师的培养模式上,过去的教师培养以本科四年制混合式培养为主。随着我国教育规模的发展和社会对教师需求的变化,教师教育的人才培养模式也在发生变化,出现了"2+2""3+1""4+1""4+2"等培养模式。当然,基于我国师范院校教师培养的传统,一步到位或"一刀切"都是不可能的,需要结合实际进行培养模式的创新。在这方面,国际上已经有了成功的经验,而国内的一些重点师范院校和地方师范大学也有了一些有意义的探索。

(二)教师培养过程由职前培养走向终身发展

长期以来,我国教师教育的职前培养与在职培训一直由两个互不关联的体系承担:传统的师范院校主要对在校师范生进行职前培养,教师的入职教育和在职培训则主要由地方教育学院、教师进修学校和部分师范院校承担,教师培养和培训缺乏过渡性与延续性。另外，由于缺乏职前、在职的整体设计，我国教师的在职培训远不如职前培养那样规范和系统，教师教育的"两条腿"存在着一条粗一条细的问题。近年来，我国对教育学院进行改组，使得教师在职培训力量相对集中，但教师培训形式、内容基本上沿袭原来的一套，有的甚至照搬职前教育的形式和内容，教师的职前培养与在职培训没有实现真正的融通。

事实上，对于教师个人的发展来说，职前培养与在职培训是不可分割的；而作为一种职业来说，教师是一种终身的、连续的职业，教师工作的过程同时也是不断学习和发展的过程。这就需要对教师的培养和培训进行一体化设计。教师教育一体化包含两个方面的含义：一是纵向意义上的一体化，即打破教师教育职前培养、入职教育、在职培训的割裂局面，将整个教师教育的过程——职前培养、入职教育和在职培训——视为教师终身教育体系中互相联系、全面沟通、连续统一的整体，建立一个内部各阶段相互衔接、相互支撑和补充的教师教育体系；二是横向意义上的一体化，即充分利用各种教育资源，建立学历教育与非学历教育、正规学校学习与教师自我导向学习等非正规学习相结合的教师教育体系。"一次性"的"师范教育"不能满足教师整个教学生涯的发展需要，必须强调教师的职前培养和在职培训的整合，以求教师在变化的教学实践中，能够持续性地提高素质，这是当今教师教育改革的重要趋势。就目前而言，职前培养与在职培训的一体化，首要的就是推进教师教育机构内部一体化的教师教育课程体系的建设。

(三)教师形象由"忠实执行者"走向"反思性实践者"

长久以来，人们习惯把教师看成是学科知识的传授者，在教育实践过程中充当"忠实执行者"的角色。教师教育的首要任务是使未来教师掌握尽可能多的学科知识，教育类课程(教育学、心理学、教学法和一次教育实习)的目的是确保未来教师能准确高效地传授教科书所呈现的知识。精深的学科知识以及传授的熟练程度代表了教师的专业程度。"反思性实践者"是美国马萨诸塞理工大学哲学教授唐纳德·舍恩(D. Schon)在《反思性实践家——专家如何思考实践过程》(1983)一书中提出的概念。他认为，专业工作者是通过"行动中反思"来解决真实情境中的问题的,而非简单地借助于"原理和技术";专业实践不是理论或技术的直接应用,而是借助于实践者长期积累而形成的认识框架。舍恩的"反思性实践者"概念为认识教师的专业形象提供了新的视角。如果回到教师的专业场景,从理解教师工作的"临床"和"现场"的特点来把握教师职业的内涵,就会发现教师的实践具有不确定性、规范模糊、效果滞后等特点,是循序渐进的、琐碎的,不存在对所有教师都普遍有效的程序、技术与原理。因此,教师不是由外在的技术与原理武装的"忠实执行者",而是在实践中并通过实践不断建构和提升自身经验的"反思性实践者"。因此,我们需要从新的教师观、知识观的高度,重新诠释理想教师的标准。

三、教师教育视野下的课程与教学改革

综观当前世界教育改革的趋势,提高教育质量已成为各国教育政策的核心。各国政府都已充分认识到,教育质量的提高在很大程度上取决于教师的质量,从根本上说是取决于教师教育的质量。在教师教育的改革与发展中,教师教育课程与教学的改革尤其受到特别的关注。课程选择与构建是提高教师教育质量的关键,离开了课程,教师教育就成为无源之水、无本之木。国家和教师教育机构关于培养什么样的教师的假设,都反映在教师教育的课程与教学当中。教师教育改革不仅要在制度上进行,更要在培养方案、课程教学上真正落实。在我国的师范院校,由于1997年教育部就颁布了"高等师范教育面向21世纪教学内容和课程体系改革计划"这一文件,形成了一些冲破旧模式的课程规划和教材模块,但总的说来,固有的整体格局没有根本变化,作为教师专业基础的教育类课程与教学仍然十分薄弱,难以保证教师教育质量的持续提高。教师教育课程存在的问题突出地表现在以下几方面。

一是课程结构比例不合理。我国师范院校的课程分为普通文化课程、学科专业课程和教育专业课程,但在结构比例上一直是重学科专业课程、轻教育专业课程。课程设置主要以学科体系为基础,几乎所有师范院校的非教育院系都把教师教育课程(教育专业课程)列到公共课的栏目中,教育专业课程被置于整个课程结构中的"边缘",师范院校的课程设置并没有体现出与其他

专业大学质的不同。

二是课程内容陈旧。从教育类课程本身来看，以"教育学""心理学""教学法"三门课程（"老三门"）为主体的教师教育课程的内容，主要是"教育学、心理学的基本原理"，以学科的体系性、逻辑性为特征，不能反映教育研究的最新理论成果，缺乏对中小学实践的研究，师范教育与基础教育的改革和实践脱节。

三是实践性课程薄弱。从课程的类型上看，我国教师教育课程的三个组成部分基本上分为两种类型：一是理论性课程，以教师的讲授为主；二是实践性课程，以教育见习、实习为主。当前的问题在于理论性课程与实践性课程割裂，实习被安排在师范教育过程的结束阶段，是一次性的，且时间较短。这种传统的教育实习观与终结性的师范教育观是一致的。

四是职前、在职割裂。职前培养课程和在职培训的课程体系各自为政。总体上说，中小学教师的在职培训课程既没有针对教师在教育教学中遇到的实际问题，也没有反映教育理论的前沿动态，不能体现在职前教育基础上的发展性、上升性、连续性和整合性。因此，要适应教师教育一体化发展趋势的要求，就必须对课程加以整合，实现职前培养课程与在职培训课程的一体化。这种一体化发展的实质是教师成长的连续性、阶段性和发展性的统一，它要求对教师专业发展进行全程规划、全面设计、通盘考虑。

教师教育课程是教师专业化的重要保证，必须把教师教育课程的改革作为教师教育改革的重中之重，突破以往师范专业的"老三门"课程和教学内容上的局限，以现代教师教育的内容构建新的课程体系，从理论和实践的结合上培养教师具有先进教育理念和适应素质教育要求的综合能力。[①]"教师教育"在名称上取代"师范教育"只是第一步，更重要的是国家应出台《教师教育课程标准》，引领教师教育课程体系的实质性变革。

---

① 袁贵仁. 推动教师教育创新　构建教师教育新体系[J]. 中国高等教育，2004（12）：3-4.

第二章　理解"教师专业"：基于教师专业标准的比较

为了促进教师的专业发展，提高教育教学质量，推动教师专业化的进程，20世纪80年代以来，世界各国纷纷研制并实施了一系列的教师专业标准。这里选择了美国、英国、澳大利亚、法国、新西兰等国以及我国的香港、台湾地区的教师专业标准文本开展比较研究，希冀发现关于教师专业的理解、教师专业发展阶段的划分、教师专业发展的核心领域等方面的共识，为我国研制教师教育课程标准、教师专业标准提供知识或思维方式的基础。

一、促进教师专业发展的标准研制

追求质量是人类共同的主题。特别是20世纪80年代以来，随着人们对教育教学质量的强烈不满，教师素质以及教师专业化问题逐渐成为世界性的关注焦点。于是，各国或地区都在研发或修订各种教师专业标准，有的国家和地区已形成了较为成熟的教师专业标准体系。

(一)美国

美国在教师专业标准的研制与实施上都走在世界前列，不仅有全国性的教师专业标准，还有州级范围的教师专业标准；不仅研制了核心教师专业标准，还在此基础上研制了各学科的教师专业标准。1954年，美国全国教师教育认证委员会（National Council for Accreditation of Teacher Education, NCATE）成立，NCATE制定了职前教师的六条标准，根据教育研究的最新成果和社会发展的需要，每七年对标准进行修订，最近修订实施的是2008年的标准①，并且依据这六条标准制定了 22 套学科教师专业标准。1987 年，美国州际新教师评价与支持联盟(Interstate New Teacher Assessment and Support Consortium，INTASC)和美国国家教师专业教学标准委员会(National Board for Professional Teaching Standards，NBPTS)成立，分别制定了全国通用的教师入职标准和教师在职标准。前者包括十条核心标准②，并据此制定了艺术教育、小学教育、英语教育、外语教育、数学教育、科学、社会科学和特殊教学标准；后者包括五项核心主张③，根据五项核心主张，制定了 23 套标准。这样，就形成了职前、入职和在职的三级标准体系。2010 年，美国州首席教育官员理事会州际教师评价与支持联盟(CCSSO's Interstate Teacher Assessment and Support Consortium，InTASC)印发了《核心教学标准(征求意见稿)》，这一标准是在对美国州际新教师评价与支持联盟提出的十条核心标准进行修订的基础上完成的，于 2011 年颁布。④此外，美国还有优质教师证书委员会(American Board for Certification of Teacher Excellence，ABCTE)⑤，为美国高素质的教师提出了更严格的、高质量的标准。同时，美国各州还有自己的教师专业标准。

(二)英国

英国从 20 世纪 80 年代末开始教师专业标准的研制工作，经过 20 多年的努力，形成了一套包括职前、入职和在职等不同教师专业生涯发展阶段的教师专业标准。1988 年英国教育与科学部公布了《合格教师身份》咨询文件，并于 1989 年确立了合格教师标准。1993 年英国教育与科学部对 1989 年的合格

---

① NCATE. *Professional Standards for the Accreditation of Teacher Preparation Institutions*(2008). [EB/OL]. [2011-04-23]. http://www.ncate.org/Public/Publications/ProfessionalStandards/tabid/508/Default.aspx.

② Interstate New Teacher Assessment and Support Consortium(INTASC). *Core Standards*. [EB/OL]. [2011-03-21]. http://www.ecu.edu/cs-educ/teached/upload/INTASCStandardsIndicators.pdf.

③ NBPTS. *The Five Core Propositions*. [EB/OL]. [2011-03-23]. http://nbpts.org/about_us/mission_and_history/the_five_core_propositions.

④ InTASC. *Model Core Teaching Standards：A Resource for State Dialogue*. [EB/OL]. [2011-03-28]. http://www.ccsso.org/Resources/Programs/Interstate_Teacher_Assessment_Consortium_(InTASC).html.

⑤ http://www.abcte.org/how-we-help/teacher-certification.

教师标准进行修订，突出强调教师实践能力和处理问题能力。2002年，英国教育与技能部和英国教师培训司(TTA)共同颁布了《英国合格教师专业标准与教师职前培训要求》①。2005年9月1日，英国将原来的教师培训司更名为学校培训与发展司(TDA)，旨在强化政府对教师在职培训和教师专业发展的管理与支持作用。学校培训与发展司启动标准的修订工作，将中小学教师的各个专业标准形成一个连贯的框架，到2007年9月，这些标准被用作支付教师薪水和职位晋升的依据。该教师专业标准包括合格教师专业标准(qualified standards)、入职教师专业标准(induction standards)、成熟教师专业标准(post threshold standards)、优秀教师专业标准(standards for the excellent teacher)和专家教师专业标准(standards for the advanced skills teacher)。

(三)澳大利亚

20世纪80年代开始，澳大利亚政府便关注与重视高效教师应具备的能力范畴这一问题。1996年澳大利亚教学委员会(Australian Teaching Council)发布了由国家教学质量规划部开发的初任教师能力框架，此后教师教育专业机构、政府注册机构以及学术界开始在全国范围内对教师工作的能力范畴展开讨论。1998年，澳大利亚教育学院院长委员会(Australian Council of Deans of Education)出台了《全国入职教师教育标准与指南》建议书，建议澳大利亚教育部实施相关标准。2003年11月澳大利亚国家教师专业标准——《全国教师专业标准框架》正式颁布实施②。随后，《澳大利亚2020规划纲要》承诺，让每个儿童都能接受最优质的教育，并将提高教师质量作为基础教育改革的优先领域。为践行这一承诺，澳大利亚在2009年开始了新的教师标准的制定工作，澳大利亚教学与学校领导协会(The Australian Institute for Teaching and

---

① Department for Education and Skill & Teacher Training Agency. *Qualifying to Teach: Professional Standards for Qualified Teacher Status and Requirements for Initial Teacher Training* 2002. [EB/OL]. [2011-02-26]. http://www.teachers.org.uk/files/active/0/QTS_Standards.pdf.

② Teacher Quality and Educational Leadership Taskforce. A National Framework for Professional Standards for Teaching. *Ministerial Council on Education, Employment Training and Youth Affairs*. [EB/OL]. [2011-03-28]. http://www.curriculum.edu.au/verve/_resources/national_framework_file.pdf.

School Leadership)于 2011 年 2 月颁布了新的《全国教师专业标准》①。

此外，很多国家都先后颁布并不断修改完善各类教师专业标准。如法国在 20 世纪 90 年代相继规范了中小学教师专业标准，1994 年 11 月的第 94－271 号通报对小学教师的专业能力参照元素进行了表述，又于 1997 年 5 月的第 97－123 号通令对中学教师的专业能力标准做了规定。② 新西兰于 1999 年颁布了《专业标准：优质教学标准——中学教师与学校持有者标准》和《专业标准：优质教学标准——小学教师与学校持有者标准》，2004 年颁布了《幼儿园教师专业标准》，2007 年教师协会又公布了《新西兰教师教育毕业生标准》。③ 我国台湾地区于 2007 年研制了各师资类科教师专业标准。④ 我国香港地区则以"学习的专业，专业的学习"为核心理念，于 2003 年颁布了《教师专业能力理念架构》。⑤

二、教师专业素养构成的范畴及其发展阶段

近年来，关于教师专业的研究取得了令人瞩目的成果。这些成果比以往更加充分地揭示了教师专业所应具备的特定知识、技能、品质等方面的素养和教师专业成长的一些普遍规律。

(一)教师专业的范畴与领域

通过比较研究，我们发现，各种教师专业标准都紧扣教师的工作实际和具体需要展开的工作的各个方面来进行描述，在标准的范畴划分方面有不同之处，但基本上可以归纳为专业知识(应知)、专业技能/实践(会做)和专业品质(愿持)三大部分。从表 2-1 中，我们可以清楚地看到，澳大利亚、英国、新

---

① Australian Institute for Teaching and School Leadership. *National Professional Standards for Teachers*, February 2011. [EB/OL]. [2011-03-25]. http://www.aitsl.edu.au/national-professional-standard-for-principals-landing.html.

② 汪凌. 法国中小学教师专业能力标准述评[J]. 全球教育展望，2006(2)：18-22.

③ 郭宝仙. 新西兰教师资格与专业标准及其启示[J]. 外国教育研究，2008(9)：25-30.

④ 陈元辉. 台湾国民中学教师专业标准的内容及基本架构[J]. 上海教育科研，2009(3)：25-28.

⑤ 香港师训与师资咨询委员会持续专业发展文件.[EB/OL]. [2011-03-25]. http://www.edb.gov.hk/index.aspx? nodeID=1309&langno=2.

表 2-1　各国教师专业标准的范畴与领域

国家	教师专业标准的范畴	教师专业标准的领域
澳大利亚①	专业知识	(1)了解学生及其学习方式；(2)知道学科内容及其教学方式
	专业实践	(1)能为实施有效教与学做好规划；(2)营造并维持安全的、支持性的学习环境；(3)评价、报告学生的学习，并为其提供反馈
	专业承诺	(1)参与专业学习；(2)与同事、家长和社区建立专业关系
英国②	专业品质	(1)与儿童和青少年的关系；(2)职责与规章；(3)与他人的交流与合作；(4)个人专业发展
	专业知识与理解	(1)教与学；(2)评价和管理；(3)学科与课程；(4)读写算能力和信息通信技术；(5)成绩和多样性；(6)促进学生身心健康发展
	专业技能	(1)教学设计；(2)教学；(3)评价；(4)监督与反馈；(5)教学反思；(6)创设学习环境；(7)团队合作
新西兰③	专业知识	(1)知道教什么；(2)了解学习者及其学习方式；(3)了解情境因素影响教与学的方式
	专业实践	(1)应用专业知识规划安全、高质的教与学的环境；(2)利用证据促进学习
	专业价值观与专业关系	(1)与学习者和学习社区的成员发展积极的关系；(2)忠诚于本职业
美国(美国州际新教师评价与支持联盟)④		(1)学科知识；(2)学生学习；(3)学生的多样性；(4)教学策略；(5)学习环境；(6)交流手段；(7)教学计划；(8)评价策略；(9)教师的反思与专业发展；(10)合作关系
美国(美国国家教师专业教学标准委员会)⑤		(1)致力于学生的学习；(2)学科知识及其教学方法；(3)管理和调控学生学习；(4)反思自己的实践；(5)学习共同体

①　Australian Institute for Teaching and School Leadership. *National Professional Standards for Teachers*，February 2011.［EB/OL］.［2011-03-25］. http://www.aitsl.edu.au/national-professional-standard-for-principals-landing.html.

②　*Professional Standards for Teachers：Why Sit Still in Your Career*？［EB/OL］.［2011-03-25］. http://www.tda.gov.uk/teacher/developing-career/professional-standards-guidance/downloads.aspx.

③　郭宝仙. 新西兰教师资格与专业标准及其启示［J］. 外国教育研究，2008(9)：25-30.

④　Interstate New Teacher Assessment and Support Consortium（INTASC）. *Core Standards*.［EB/OL］.［2011-03-21］. http://www.ecu.edu/cs-educ/teached/upload/INTASCStandardsIndicators.pdf.

⑤　NBPTS. *The Five Core Propositions*.［EB/OL］.［2011-03-23］. http://nbpts.org/about_us/mission_and_history/the_five_core_propositions.

西兰都是将教师专业标准的范畴划分为这三大部分。美国州际新教师评价与支持联盟制定了十条核心标准，其中前三条属于"应知"的范畴；第四到第八条属于"会做"的范畴；最后两条属于"愿持"范畴。美国国家教师专业教学标准委员会提出的五项核心主张的第二项属于"应知"范畴；第三项属于"会做"范畴；第一、第四和第五项属于"愿持"范畴。

综上所述，各种教师专业标准的框架与范畴的一致性，反映了这样一种共识：教师的专业素养结构由专业知识(应知)、专业技能/实践(会做)和专业品质(愿持)组成。专业知识(应知)即教师应知自己所授学科的基本概念、原则以及学科结构；应知本学科和其他学科的相互联系，如何有效地教授学科内容；能清楚地知道学生是如何学习的，怎样促进学生的学习；能了解学生的不同社会、文化背景，并且知道自己该如何影响学生的学习等。专业技能(会做)即教师必须具备的教学技能和教学策略；能制定合理的教学计划、有效地实施教学，并对学生的学习进行有效的评价；擅长组织管理学生行为和营造良好的学习环境等。专业品质(愿持)即教师需具有高尚的专业道德情操，能够尊重学生并重视学生的多样性；能与家长、同事和社区密切联系、共同努力、积极有效地合作；能够理解自身工作的复杂性和情境性；致力于自身的专业发展，能够合理地分析、评价并且提高自身的专业实践。

(二)教师专业发展阶段

讨论教师专业问题一定会涉及教师的专业发展。许多教师专业标准都对教师专业发展阶段做了划分，并确定了相应的标准，使教师专业标准能真正对教师专业成长起着引领的作用。

英国从职前的合格教师专业标准，到教师入职标准，再到促进在职教师不断提高的成熟教师标准、优秀教师标准和专家教师标准，形成了一个彼此相互独立，又前后紧密衔接的标准体系。从表2-2中我们可以看出，标准对教师专业发展各个阶段的要求具有层次性，反映了教师的知识、专长和经验的发展性。这些互相衔接的层级性教师专业标准就相当于一个清晰的发展性评价量规，有助于教师对每一个阶段专业发展要求的领会，使他们明白自身所处的发展位置和下一个阶段的努力方向。

表 2-2　英国教师不同发展阶段专业标准框架——"专业知识与理解"之"教与学"①

发展阶段	教与学领域的要求
合格教师	对教、学和行为管理策略有一定的知识和理解,知道如何运用这些策略促使学生进行个性化的学习,并为所有的学习者提供机会,发挥他们的潜能
入职教师	对教、学和行为管理策略具有较好的知识和理解,知道如何运用这些策略促使学生进行个性化学习,并为所有的学习者提供机会,发挥他们的潜能
成熟教师	对如何运用教、学和行为管理策略具有广博的知识和理解,知道如何运用这些策略促使学生进行个性化学习,并为所有的学习者提供机会,发挥他们的潜能
优秀教师	对绝大多数有效教、学和行为管理策略具有批判性的理解,知道如何选择和运用各种方法促使学生进行个性化的学习,为所有的学习者提供机会以实现他们的潜能
专家教师	不断强化以上各条标准

　　美国的标准虽然由不同的机构负责研制,但从整个标准体系来看,也是按照教师专业发展的教师资格认证阶段、教师入职培训阶段和教师入职之后的提高阶段分别开发的相应的职前、入职和在职"三位一体"的教师专业标准体系(见表 2-3)。这三个阶段的标准贯穿着每一个教师的职业生涯。

表 2-3　美国教师专业标准体系

标准性质	使用对象	机构名称
职前标准	候选教师(Candidate Teacher)	全国教师教育认证委员会(NCATE)
入职标准	新教师(Beginning Teacher)	州际新教师评价与支持联盟(INTASC)
在职标准(一)	成熟教师(Accomplished Teacher)	国家教师专业教学标准委员会(NBPTS)
在职标准(二)	卓越教师(Distinguished Teacher)	优质教师证书委员会(ABCTE)

---

　　① *Professional Standards for Teachers:Why Sit Still in Your Career*?〔EB/OL〕.〔2011-03-25〕. http://www.tda.gov.uk/teacher/developing-career/professional-standards-guidance/downloads.aspx.

澳大利亚教师专业标准将教师专业发展分为四个阶段：新手教师（Graduate Teachers）、熟练教师（Proficient Teachers）、优秀教师（Highly Accomplished Teachers)和专家教师（Lead Teachers）。每个阶段都有明显的专业要求的区别，从缺乏实践经验—有效的教学—非常成功的实践者—高度被认可的教师典范，阶段性特征非常明显，前后之间又相互衔接，连成一体。

教师专业发展是一个持续不断的过程，贯穿于教师的整个职业生涯，不同的发展阶段具有不同的特质。从上述各国教师专业标准的介绍中，可以看出，它们在专业发展阶段划分上也形成了一致的思路：根据教师专业发展各个阶段的特质，为每个层次和水平的教师制定相应的标准，并注重通过设立标准来促进教师的专业发展。首先，每一阶段的标准使教师知道自己在专业发展旅途中"要去哪里"：教师专业标准对不同阶段专业特点的详细描述，为处于不同发展水平的教师明确自身要达到的专业目标提供了参照依据。其次，专业标准使教师知道自己"现在在哪里"：根据自己的实际情况，对照标准，老师们可以知道哪一点自己已经达到相应的要求，哪一点还有一定的距离，便可以判断自己当前的专业发展状态。最后，也是最重要的一点，明确了自己的发展目标和距离之后，就可以知道自己在哪些方面需要不断学习、反思和探究，为达到发展目标做不断的努力，实现可持续发展。

三、教师专业发展的核心领域

通过对各国教师专业标准的比较研究发现，专业知识、专业技能或实践与专业品质构成了教师专业素养的三个范畴。在每一个范畴下面又划分了若干个领域，标准对这些领域的界定及其具体描述，揭示了他们对教育教学工作的理解，同时也说明了他们所关注和强调的教师专业发展的内容领域。教师专业发展内容方面的最大共识主要表现在以下四个方面。

(一)学会理解、尊重学生，致力于每一位学生的学习与成长

理解学生的不同需求、尊重学生的不同文化背景、以学生为中心、创造多元的学习机会、为学生的成长与发展提供支持与服务，成为各国和地区教师专业标准中的重要内容。

英国教师专业标准①在"成绩与多样性"领域中指出：（1）了解儿童和青少年是如何发展的，懂得学习者的健康成长与进步是受个体发育情况、社会、宗教、伦理、文化、语言等一系列因素影响的；（2）懂得如何为学生提供有效的帮助，其中包括那些母语不是英语的学生以及那些有身体障碍的学生和有特殊需求的学生，并懂得如何充分考虑到学生的多样性，在教学中促进平等与包容；（3）知道并理解负有明确责任的同事们的角色，包括那些对有特殊学习需求的学生、有身体障碍的学生和其他有个体学习需求的学生所负的责任。在"专业品质"范畴的"与儿童和青少年的关系"这一领域又指出：对全体学生都具有很高的期望值；全力帮助学生开发其全部的学习潜力；与学生建立平等、互敬、互信、互相支持的建设性关系。这些都旨在强调教师应当理解并尊重学生的多样性，为每一位学生的成长与发展创造条件。澳大利亚全国教师专业标准充分体现了以学生为中心的精神要素："教师在教学活动中需对学生负更大的责任，更主动全面的关心。""教师应该了解不同学生的学习背景并尊重学生的多样性……"②这些都说明了该教师专业标准的出发点是以学生为根本的，尊重学生的全面发展。美国国家教师专业教学标准委员会提出的五项核心主张特别强调"所有学生"和"个体差异"，要求教师具备因材施教的知识与技能，致力于每一位学生的学习与成长。我国香港出台的《教师专业能力理念架构》专门有"学生发展"这一范畴，由"学生在校的不同需要""与学生建立互信关系""学生关顾"和"学生多元的学习经历"四个领域组成。各个领域的具体内容都指向理解学生、尊重学生，为学生的全面发展提供服务（见表2-4）。

---

① *Professional Standards for Teachers*：*Why Sit Still in Your Career*？［EB/OL］.［2011-03-25］. http://www. tda. gov. uk/teacher/developing-career/professional-standards-guidance/downloads. aspx.

② Australian Institute for Teaching and School Leadership. *National Professional Standards for Teachers*，February 2011. ［EB/OL］. ［2011-03-25］. http://www. aitsl. edu. au/national-professional-standard-for-principals-landing. html.

表 2-4 我国香港《教师专业能力理念架构》中的"学生发展"范畴

学生在校的不同需要	与学生建立互信关系	学生关顾	学生多元的学习经历
(1)理解学生的不同需要；(2)识别学生的不同需要及提供支持；(3)与同侪协作，识别学生的不同需要及提供支持	(1)明白与学生建立融洽关系的重要性；(2)培养互信和融洽的师生关系	(1)为学生提供关顾服务；(2)与同侪协作，提供关顾服务	(1)参与及执行多元的学习计划；(2)策划及组织多元的学习计划；(3)关注学生的全面发展

(二)促进学生有效学习的教学实践技能

课堂教学是教师教育教学工作的重中之重，如何提高教师的教学实践技能，促进学生的有效学习，是教师工作的核心。教学实践能力是教师的核心能力，各种教师专业标准都把这部分内容视为整个标准的核心部分来描述，从教学规划、教学实施到教学评价，对每一个环节都提出了具体的要求。

美国州际新教师评价与支持联盟制定的十条核心标准中，有五条是对教师教学实践能力的要求。标准七的教学计划、标准四到标准六的教学实施和标准八的评价策略，对教学的整个过程，做出了全面的规定。英国教师专业标准也从各个发展阶段都对教师的教学计划、教学实施和教学评价等专业技能提出了详尽的要求。法国中小学专业能力标准体现了"教师应是深思熟虑的实践者"的理念，专门提出了"设计、实施和分析教学情境的能力"这一标准，从具体教学目标的确定、学习活动的设计和实施、评价标准的开发、评价结果的分析到补救活动，对教师能力一一提出了要求。我国台湾地区国民中学教师专业标准把"课程设计与教学"作为一个独立的范畴来描述，该范畴中有三个领域分别为课程设计、教学实施和教学评量，"突出了这一基本认识：要求教师以专业基本理论进行课程设计、教学实施、学科知识及教学评价的整合，以帮助学生获得学习成就为最大的价值追求"。①

在对教学实践技能的描述中，各种专业标准又特别重视教师对学生学习的评价及反馈的能力。他们基于这样的理念：评价引领教师的教学，评价促进学生的学习，评价贯穿于整个教与学的始终，是教师教学实践技能的核心。于是，在标准的构成上，教师的评价技能占据了突出的位置。英国的教师专业标准特别重视教师的评价素养，共41条标准中，有7条专门用来描述评价，从形成性评价到终结性评价，从校内评价到校外评价，从正式评价到非正式评价，从评价信息的收集到评价结果的利用，要求教师几乎掌握所有能促进学生学习的全部评价技能与技巧。澳大利亚2011年颁布的教师专业标准比2003年颁布的标准更加强调和细化教师在学习评价领域的能力，并且对每个发展阶段的教师的要求都相当高，要求教师具备扎实的评价知识，在教学实践中能运用各种评价方法，以及运用相关数据改进教学的能力。我国台湾地区国民中学教师专业标准也把教学评量看做是很重要的教师实践技能，规定了三方面的教学评量技能：(1)发展与应用多元评量方式；(2)运用评量结果规划或改善教学；(3)引导学生进行自我评量。我国香港地区出台的《教师专业能力理念架构》中的"教与学"范畴也单列了"评核及评估"领域，并做出了以下三方面的规定：掌握评核学生方法及程序；使用学生评核结果；评估及检讨教学及学习计划。

(三)具有专业反思和终身学习的能力

教师的专业发展是一个不断完善的过程，需要终身地进行专业学习。教师不仅要"育人"，还要"育己"。只有教师不断完善，才能更好地促进学生不断完善。教育改革和社会的发展已经使得教师的发展不再是一次性完成的，而是延伸、覆盖教师职业生涯和实践的全过程。教师应当成为一个学习者，应当是具有专业反思能力的终身学习者。

"学习的专业，专业的学习"作为我国香港地区出台的《教师专业能力理念

---

① 陈元辉.台湾国民中学教师专业标准的内容及基本架构[J].上海教育科研，2009(3)：25-28.

架构》的核心理念，集中体现了教师需要反思性实践和终身学习的特征。正如其前言中指出的："社会转变的步伐要求所有人，尤其是教育工作者，日益重视终身学习的需要……当我们强调学生必须养成终身学习的意愿和能力时，教师同样应在其专业生涯中体现这种精神。每位教师都应该是持续学习者……"我国台湾地区国民中学教师专业标准中也专列了"研究发展与进修"这一方面的内容，要求教师通过自我反思、参加专业研修和对自身进行专业生涯规划，致力于专业自我成长与终身学习。① 美国州际新教师评价与支持联盟制定的核心标准中就专门对教师的反思与专业发展提出要求：教师在实践的过程中要不断地反思自己——评价自己的内容选择与教学行为对别人（学生、家长以及其他人）的影响，同时还要主动寻找有利于专业发展的机会。美国国家教师专业教学标准委员会提出的五项核心主张中也阐明了教师在专业反思能力和终身学习方面的要求：教师应该系统性地思考自己的实践，并从经验中学习。英国教师专业标准中也专列了"反思教与学"的领域，对各个发展阶段的教师提出了具体的要求，并指出，教师的职业特征决定了教师本身也是一个研究者，教师反思是教师成为研究者的起点，对教学行为的观察、内省、反思与探究是教师研究的有效途径。

从各专业标准中我们可以看出，教师专业反思能力即教师对自身的教学行为与行为决策的有效性做出分析与评价的过程，目的在于提高行为决策和教学行为的效率，促进有效的教与学。而这种反思，主要是通过同教学情境的对话，运用经验中培育的缄默知识展开问题的反复建构与思考，不仅是对问题情境的反思，而且是对教师自身的反思。而当教师在实践中自觉反思时，他们的职业实践就会成为一种"专业"的实践。因此，教师要通过反思，更好地理解自己、理解自己的实践，并因而实现自身的专业发展。事实上，如果教师具有比较好的专业反思能力，他同时也会具有较好的终身学习能力。教师专业标准强调教师的终身学习能力，把终身学习作为教师重要的价值追求

---

① 陈元辉. 台湾国民中学教师专业标准的内容及基本架构[J]. 上海教育科研，2009(3)：25-28.

和行为准则，是因为教育的复杂性和社会的快速发展，要求教师在不断变化的社会与教育情境中，与时俱进、追求新知，通过持续不断的个体和全体的专业学习，成为学习共同体中的积极促进者，成为终身学习的楷模。

(四)养成专业合作的品质

合作能力在各种教师专业标准中也得到了强调。成功的教育是多方面共同作用的结果，不是教师靠个人单兵作战能完成的。教师间的合作不仅可以使教师们互相学习、同伴间相互影响，加速教师的专业成长，更重要的是能利用教师群体的资源差异，优势互补，优化教育资源和环境，协调教育行为，更好地促进学生的成长。此外，教师还要和家长、社区等与学生的成长与发展相关的个人与群体合作，利用一切可以利用的资源，共同来完成教育教学任务。

我国香港地区在《教师专业能力理念架构》中特别重视教师与专业群体的合作关系，在框架的四个范畴中，专门设一个范畴来阐述"专业群体关系及服务"，其中包括教师与校内人员的合作关系、为教师专业发展而进行的合作、与校外相关人员进行合作等。在"校内协作关系"领域又提出了与个别同工协作、与不同组别协作、在建制内与不同组别协作。美国国家教师专业教学标准委员会对"教师是学习共同体的成员"的具体要求是：教师应当通过与教学政策、课程开发、教师专业发展等方面的专家合作，推动学校的工作有效开展……他们寻找途径与学生家长进行创造性的合作，使他们富有成效地参与学校的工作。① 美国州际新教师评价与支持联盟也从支持学生的学习与发展的角度对教师提出了合作能力的要求：教师要保持与学生家长或监护人、同事以及社区的联系与往来。澳大利亚 2003 年颁布的全国教师专业标准框架将协调能力作为要素之一进行了明确的阐述②，2011 年新修订的全国教师专业

---

① NBPTS. *The Five Core Propositions*. [EB/OL]. [2011-03-23]. http://nbpts. org/about_us/mission_and_history/the_five_core_propositions.

② Teacher Quality and Educational Leadership Taskforce. A National Framework for Professional Standards for Teaching. *Ministerial Council on Education，Employment Training and Youth Affairs*. [EB/OL]. [2011-03-28]. http://www. curriculum. edu. au/verve/ _resources/national_framework_file. pdf.

标准更是对合作能力在教师的每一个发展阶段都做出了描述。^① 英国教师专业标准也特设了"与他人的交流与合作"和"团队合作"这两个领域，其要求主要聚焦在教师如何与各相关人员合作来提高教与学的效率上。

诚然，教师专业标准只为教师提供了引领和指导的作用，指引着教师应该往哪里发展，发展什么。从文本的教师专业标准到教师专业发展的实现，还需要相关政策的落实、相关机制的建立和相关机构、人员的积极行动，它涉及政府部门、教师教育机构、学校、家长和社区等多方的共同努力，更重要的是教师自身的自我更新意识和持续的努力。

---

① Australian Institute for Teaching and School Leadership. *National Professional Standards for Teachers*, February 2011. ［EB/OL］. ［2011-03-25］. http://www.aitsl.edu.au/national-professional-standard-for-principals-landing.html.

第三章　教师知识的研究进展

　　《教师教育课程标准(试行)》作为我国教师教育课程改革的指导性纲领，规定了教师专业素质的基本要求，而教师专业素质的要求在很大程度上是建立在对教师知识研究的基础上的。本章旨在对国内外教师知识研究的进展作简要分析。综合起来看，教师知识研究的勃兴基于两种需求：其一是同医生、律师之类的专业教育一样，教师教育也需要探索构成专业教育内容的"知识基础"；其二是需要探索在课堂教学中实质地支配着教师行为的"实践性知识"，探讨其内容、性质与发展路径。这里着重对这两个方面的代表性研究成果进行梳理。

一、教师知识结构的研究

　　教师的教学需要特定的知识基础，这些知识基础应该为所有教师共同拥有，是教师行动的根据。"教学若被视为一种专业，则首先需要教师具有专门的知识与能力：教师要学习应该教的知识和如何教授这些知识的专门知识。"①因此，对"教师应该具备哪些知识"的研究成为教师知识研究的首要课题。

---

　　① 联合国教科文组织. 教育——财富蕴藏其中[M]. 北京：教育科学出版社，1996：142.

(一)舒尔曼等学者的教师知识分类

教师知识分类的研究受到教师专业化运动的深刻影响。在美国，20 世纪 80 年代以来，教师专业化的努力此起彼伏，霍姆斯小组的报告(the Holmes Group，1986)以及卡耐基工作小组的报告(the Carnegie Task Force，1986)都相信存在一个教学的知识基础，但是对于这个"知识基础"是什么，一直没有清晰的认识。与此同时，研究者们建立了不同的框架和模型去探索教师进行有效教学所需要的知识。这一时期较具影响的是美国卡耐基促进教学基金会主席舒尔曼(Shulman，L. S.，1987)所建构的教师知识分类框架。舒尔曼提出的教师知识分类框架以及学科教学法知识概念，对后续的研究产生了广泛而深远的影响。

舒尔曼认为，教学要成为一个专业，意味着它有一个共同的、公认的知识基础。在《知识与教学：新的改革的基础》一文中，舒尔曼指出，倘若要推进教师专业化，就必须证明存在着保障专业属性的"知识基础"，阐明教师职域里发挥作用的专业知识领域与结构。他指出："如果要将教师的知识编成手册、百科全书或者是一些类似的东西，什么是这些分类的标题？至少，它们应该包括如下几个方面：(1)学科知识；(2)一般教学法知识，指那些超越具体学科的关于课堂管理和组织的广义的原则和策略；(3)课程知识，指对作为教师的'行业工具'的教材和教学计划的掌握；(4)学科教学法知识，指将所教的学科内容和教育学原理有机融合而成的对具体课题、问题或论点如何组织、表达和调整以适应学习者的不同兴趣和能力以及进行教学的理解；(5)有关学生及其特征的知识；(6)关于教育脉络的知识，范围涉及班组或课堂情况、学区的管理和经费的分配、社区和文化的特征等；(7)有关教育的目的、目标、价值及其哲学与历史渊源的知识。"[①]舒尔曼同时指出，教师获得上述知识有四个主要的来源：(1)学科领域的学术研究；(2)教育材料和结构(教科书、学科组织等)；(3)正规的教育学术研究；(4)实践智慧。

---

① Shulman, L. S.. Knowledge and Teaching: Foundations of the New Reform. *Harvard Educational Review*，1987，57：1-22.

尽管舒尔曼关于教学知识基础的观点带有很大的主观性，但他的研究仍然具有重要意义。他较早地注意到不能只关注和训练教师的教学行为，而必须涉及具体的教学内容；他较早地划分了教学专业所需要的知识基础的类型，将教师教学所需要的知识概念化。在他的影响下，出现了大量以这些概念为基础的研究。

在美国较有影响的另一项教学知识基础研究是雷诺兹(Reynolds，M. C.)对初任教师知识的分类。[①] 1989 年，雷诺兹等人出版了《初任教师的知识基础》(*The Knowledge Base for the Beginning Teacher*)一书，对初任教师需要知道的知识作了细致的描述。该书认为称职教师与不称职教师的主要差异在于是否具备教学工作主要依赖的知识基础，这些知识基础包括教师必备的专业理解、技能以及判断。

随后，格罗斯曼(Grossman，P. L.)、瑞秋特(Richert，A. E.)和塔米尔(Tamir，P.)等人在舒尔曼研究的基础上，从专业知识发展的角度分析了从事教学需要哪些知识及其特征。[②] 格罗斯曼将教师知识分为内容知识、一般教学法知识、课程知识、教学环境的知识和自我的知识。塔米尔同样希望解决学科知识基础和教学需要哪些知识这两个大问题，但他主要关注的是基础教育教师和教师教育者的共同知识基础是什么，强调在教师教育中专业知识和教师个人实践交互作用的重要性。[③] 克拉克(Klarke，D.)和赫林斯沃(Hollingsworth，H.)认为教师知识构建需要一个长久的过程，涉及四个领域的知识：个人领域(已有的知识、信念和态度)、实践领域(专业实践)、结果

[①] Reynolds，M. C.(Ed.). *Knowledge Base for the Beginning Teacher*. New York：Pergamon Press，1989.

该书成为 2005 年美国教师教育协会的大型研究报告：《为变革的世界培养教师：教师应该学会的和能够做到的》(*Preparing Teachers for a Changing World：What Teachers Should Learn and Be Able to Do*)的蓝本。

[②] Grossman，P. L.，Richert，A. E.. Unacknowledged Knowledge Growth：A Re-Examination of the Effects of Teacher Education. *Teaching and Teacher Education*，1988(1)：53-62.

[③] Tamir，P.. Professional and Personal Knowledge of Teachers and Teacher Educators. *Teaching and Teacher Education*，1988(3)：263-268.

领域(内隐化的知识)和外部领域(各种信息来源、激励与支持),改变教师的行为就能引起教师知识的变化。①

问题在于,上述关于"教师需要哪些知识"的研究在很大程度上是理念性的和"人为的",而非以实证为根据的;它们主要反映的是研究者个人的教育信念、经验、专长以及研究兴趣和领域。② 这也是上述教师分类中有如此之多的差异的原因。

(二)教师知识结构研究的集大成之作:《为变革的世界培养教师》

针对教师知识基础研究中理念性和"人为性"问题,出于为教学和教师教育寻找以实证研究为依据的、确凿的知识基础的目的,21 世纪初,美国教育学会下属的教师教育委员会(Committee on Teacher Education,CTE),组成包括由美国教育研究协会(AERA)前主席、美国斯坦福大学讲座教授、著名教师教育学者达琳-哈蒙德(Darling-Hammond,L.)和教师教育认证委员会主席布朗斯福德(Bransford,J.)在内的当今美国教师教育研究领域最强大的阵容③,系统地总结近 20 年来关于学习、教学以及教师学习领域的实证研究成果,以此作为教学专业的"知识基础",为教师教育课程提供具有说服力的课程框架。2005 年,该委员会正式出版了由达琳-哈蒙德和布朗斯福德联袂主编的大型研究报告——《为变革的世界培养教师——教师应该学会的和能够做到的》④,全面地勾画出教师教育的核心概念和关键策略。该书对以下三个问题作了详细的探讨:(1)什么是教学和教师教育的知识基础?(2)教学及教师教育的知识基础从哪里来?(3)教师教育如何使教师具备这些知识(和能力)?

① Klarke,D.,Hollingsworth,H..Elaborating a Model of Teacher Professional Growth. *Teaching and Teacher Education*,2002(8):947-967.

② 范良火. 教师教学知识发展研究[M]. 上海:华东师范大学出版社,2003:18.

③ 共31人,其中包括科克兰·史密斯(Marilyn Cochran-Smith)、舒尔曼(Lee Shulman)、泽克纳(Kenneth Zeichner)、伯利纳(David Berliner)、格罗斯曼(Pamela Grossman)等。

④ Linda Darling-Hammond,L. & Bransford,J. in collaboration with Pamela LePage,Karen Hammerness,Helen Duffy (Eds). *Preparing Teachers for a Changing World:What Teachers Should Learn and Be Able to Do*. San Francisco,CA:Jossey-Bass,2005.

1. 什么是教学和教师教育的知识基础

该书提出的教学知识基础的组织框架和关键领域如表 3-1 所示。

表 3-1　教学知识基础的组织框架和关键领域

知识基础的组织框架	知识基础的八大关键领域
教谁 （理解社会背景下学习者的发展和学习）	理解学习者及其学习 理解学习者是如何发展的 了解语言的发展和使用
教什么 （学科知识和技能以及学校教育的社会目的）	具备一种课程观(curriculum vision)
怎样教 （设计课堂教学以便多样化的学生能够 学习具有挑战性的内容）	学科教学知识 教多样化的学习者 评价学习 管理班级

2. 教学及教师教育的知识基础从哪里来

该研究的目的是系统地总结教学专业的"知识基础"，从而得出教师教育课程的关键元素。编者认为，教学要成为一个专业，必须和其他专业一样拥有一个经过实证研究获得的"知识基础"，主张将教学的知识基础建立在对教学专业的一致看法和实证研究的成果之上。教师教育认证委员会的学者们想要寻找的，正是一种公共认可的和经过实证研究确证了的"确凿无疑"的知识基础，希望以这个知识基础为保障，使教师成为与医生（其专业化过程和专业实践在该书中被多次引用）、律师一样的专业。书中指出："在其他专业中，对专业人员应该知道什么和能够做什么的共享的理解和实践已经经过了将近一个世纪的发展。这种共享的理解使从业人员可以从他们广泛的专业知识中获益，从而发展一种诊断性的和战略上的判断以便满足服务对象的需求。如果教师想要获得这样一种知识以便指导他们的实践，这样一种共享的理解也必须成为教学专业的一个现实。"①

那么，教学专业的"知识基础"究竟应该来源何处？该书的回答就是：最近20年来有关学生学习、教师教学、教师学习以及教师教育的实证研究成果。主要是以下几类实证研究：② (1)关于人是如何学习的基础研究，包括一般意义上的学习以及语言、阅读、数学等具体领域的学习的研究；(2)关于不同的学习条件和教学实践如何影响学习的研究；(3)关于教师的学习如何影响到教师的教学实践从而影响学生学习结果的研究；(4)关于教师如何学习的研究。

3. 教师教育如何使教师具备这些知识(和能力)

该书旨在为教师教育提供建议和具有说服力的改革方案。它提出，对于教师培养来说，有关教育的理论、原则是必需的，但是只拥有这些理论、原则也是远远不够的。"初任教师需要掌握关键性的理念和技能，同样，他们还应具备反思、评估、从自己的教学中学习以便不断进步的能力。"③教师教育最重要的是培养教师基于教育理论(知识基础)来建构自己的理解，形成正确抉择的能力。该书对教师教育的建议集中在如何处理知识基础的确证性与教学实践的不确定性之间的矛盾上。它提出，教学要成为一个专业，必须依托于实证研究所获得的"知识基础"；"理论学习"不仅是必要的，而且是基础。但它同时强调，教学实践本身具有"不确定性"、"反思性"和"情境性"的一面，教师的临场判断、实践经验以及从经验中学习也非常重要，建议教师教育一方面需要培养教师掌握教学领域中一系列的实证"知识基础"；另一方面也要发展和具备"情境性知识"，以此作为专业判断的基础。

---

① Bransford, J., Darling-Hammond, L. & Lepage, P.. Introduction. In Darling-Hammond, John Bransford; in collaboration with Pamela LePage, Karen Hammerness, Helen Duffy(Eds.). *Preparing Teachers for a Changing World*：*What Teachers Should Learn and Be Able to Do*. San Francisco, CA：Jossey-Bass, 2005：9.

② 同上书：22-23.

③ 同上书：10.

总之,《为变革的世界培养教师》一书立足于对教师专业化(教师职业成为像医生、律师一样的专业)的理解,主张通过总结目前已有的相关实证研究,寻找教学专业的"确证"的"知识基础"。但另一方面,研究者也注意到了教学实践情境和教学工作的复杂性,并主张教师教育要培养教师具备在复杂情境中决策和判断的能力。该书既归纳了已有研究成果,也关注了教师教育的趋势与需要;既承认教学需要确定性的知识,也肯定了近些年来关于实践情境中的教师知识的研究。也正因此,该书成为近20年来美国教师知识研究的集大成之作。

(三)我国对教师知识的研究

21世纪以前,我国对教师知识的研究数量较少,且以"应然"的分析居多。在相当长的时间内,对教师知识的阐述只是出现在《教育学》或《教学论》教科书中,或在论及教师的职业素养时才提及。例如,叶澜认为教师素质应包括三个方面:一是与时代精神相通的教育理念;二是知识结构的多层次复合;三是在社会对教师提出更高要求的情况下,需要交往等新的能力。① 顾明远也从三个方面论述了教师素质:职业意识、业务能力和心理素质。②

20世纪90年代中后期,林崇德、申继亮等人在对教师素质结构的研究中,把教师知识分为三个方面,即:教师的本体性知识、实践性知识和条件性知识。教师的本体性知识是指教师所具有的特定的学科知识,如语文知识、数学知识等。教师的实践性知识是指教师在面临实现有目的的行为中所具有的课堂情境知识以及与之相关的知识,更具体地说,这种知识是教师教学经验的积累,它具有明显的情境性。教师的条件性知识是指教师所具有的教育学与心理学知识。③ 本体性知识、条件性知识和实践性知识,这三个方面共

---

① 叶澜. 新世纪教师专业素养初探[J]. 教育研究与试验,1998(1):42-46.

② 国家教委国家教育发展中心. 未来教育面临的困惑与挑战[M]. 北京:人民教育出版社,1999:101-102.

③ 林崇德,申继亮,辛涛. 教师素质的构成及其培养途径[J]. 中国教育学刊,1996(6):16-22.

同构成教师的知识结构。这也是我国对教师知识结构的相对完整的划分，为国内众多研究者所援引。

（四）教师知识结构研究对教师教育的贡献

教师知识结构的研究对教师教育课程的贡献主要体现在这样几个方面。首先，这类研究为教师教育提供一个直观、简便的课程框架。教师知识结构的研究所提出的教师知识类别"可以比较方便地转化为可以设计和运作的"教师教育课程框架。当前，根据教学知识基础的分类来开设教师教育课程是世界范围内的普遍做法，各国的教师培养课程的差异，往往只是所应用的"专业知识分类框架"的差异。① 其次，教师知识结构研究强调经实证研究所得的公共知识对于教师实践的价值。以教学专业的知识基础为取向的教师教育可以便捷地将教育界的研究成果，特别是关于教学、学习、教师研究的成果纳入教师教育计划中。这些成果可以作为教师教育课程的内容，可以作为教学方法，也可以作为教学设计的指导思想。尽管未来或在职教师学习了教师教育计划以后是否真正有助于自己的教学实践这一点常常受到质疑，但无论如何，教师知识结构研究便于把教育研究成果纳入教师教育，为研究成果的转化和使用架起了桥梁。

然而，教师知识分类研究的局限也相当明显。首先，虽然专业知识构成教学实践的知识基础，但实际上支撑教学实践的知识是否是这种共享的知识？其次，教师知识分类研究将教师知识划分为不同的类别，但各类知识本身与教师的实际工作中所运用的知识并不是一一对应的。研究已经证明，在教师的教学过程中真正发挥作用的是那些日积月累形成的、融合了理论与实践、个体与公共、明言与缄默知识而形成的个人实践性知识。教师知识结构研究对教师教育、对教师专业化的真正价值到底有多大，还有待进一步的深入研究。

二、教师实践性知识的研究

从 20 世纪 80 年代开始，教学和教师教育领域的一些研究者走进教师的

---

① 王建军. 学校转型中的教师发展[M]. 北京：教育科学出版社，2008：19.

日常实践，探察教师在实际的教学中具有什么样的知识。这些研究从对教师知识的实践性、个人化和情境性特质的理解出发，探讨教师实践性知识的表征及发展过程。

（一）艾尔贝兹、康纳利等人关于"实践性知识"的研究

较早对教师实践性知识进行系统研究的是加拿大学者艾尔贝兹（Elbaz，F.），她对一个有着丰富经验的中学教师莎拉进行了研究。艾尔贝兹感兴趣的是莎拉对她的工作了解多少，她自己怎样理解教师工作以及她又怎样把她的知识运用到教师这一角色之中。① 通过研究，艾尔贝兹得出结论：教师以独特的方式拥有一种特别的知识。这种知识以特定的实践环境和社会环境为特征，并且是高度经验化和个人化的。她把这种知识称为"实践性知识"。艾尔贝兹提出，教师实践性知识的内容包括五个方面：一是关于自我的知识，即自我作为资源与自我作为个体；二是关于学校背景的知识，包括课堂、教师与领导的关系等；三是学科公共知识；四是课程知识；五是教学知识。② 并且，各种知识之间是相互联系的。这种实践性知识中有许多不是她能清晰认识到的，只能通过她的行为和信念折射出来。艾尔贝兹的研究对西方的教师知识研究起到重要的推动作用，众多教师研究者开始走入实践，研究教师实际所拥有的实践性知识。其中，加拿大学者康纳利（Connelly，F. M.）和柯兰蒂宁（Clandinin，D. J.）的研究尤为引人注目。

康纳利和柯兰蒂宁力图通过教师的叙事来理解教师的实践性知识，探讨教师是怎样体验他们自己的工作的、如何通过反思自身经验来变革他们的实践。他们的研究"撇开外部理论而转向那些对实践起决定作用的隐性的、密切的、经验的、个人的知识特性"，认为教师实践性知识的关键特点是默会。③教师知识不是根据任何传统学科和认知方法来组织和编码的，而是根据实际

---

① 徐碧美. 追求卓越——教师专业发展案例研究[M]. 陈静，等译. 北京：人民教育出版社，2003：51.

② 姜美玲. 教师实践性知识研究[D]. 华东师范大学，2006：34.

③ 许世静，F. 迈克尔·康纳利. 叙述探究与教师发展[J]. 北京大学教育评论，2008(1)：51-69.

情境以多变的形式出现。"当教师与学生相处时，相对于条条框框和死记硬背的专门知识，教师的默会知识更胜一筹……尽管教师也许不能说出他们知道什么，但是他们从情感上、道义上以及审美上体验其拥有的知识。"①他们认为这种知识是"个人的"，因为它源自于对个人的叙事；这种知识是"实践性"的，因为它旨在满足某一特定情境的需要。② 因此，他们将这种知识称为"教师个人实践性知识"（teachers' personal practical knowledge）。他们认为，教师的个人实践性知识是改进教学实践的根本因素。③

(二)范·梅南对"教学机智"和"教育敏感性"的关注

加拿大学者范·梅南（Van Manen，M.）从现象学的生活体验的角度来研究教师及其教学，他捕捉到的体现教师工作特征的"知识"是"教学机智"和"教育敏感性"。

范·梅南从现象学出发，聚焦于一个个鲜活的教育情境，认为，教学实践的紧迫性和教师工作的繁忙性质使得实践中教师根本没有时间"停下来"进行反思。教师的教学凭借的是一种"瞬间知道该怎么做"的"临场智慧和才艺"——教学机智，④ 它是在复杂而微妙的情境中迅速地、十分有把握地行动的恰当能力。在绝大多数课堂情境中，教师无法"分身"、没有时间或并不会真正反思实践中的问题，而只能凭借教学机智"直觉性"来开展行动。这种直觉性行动是"智慧性行动"，因为教师对"什么样的行动才是好的"表现出了恰当的敏感性。一个富有机智的教师是具有敏感性的教师，能够从手势、举止、表情和身体语言等间接方面理解儿童内在的思想、理解、感情和愿望，并瞬间行动和参与。因此，范·梅南提议建构一种新的实践认识论：作为行动的

---

① 许世静，F. 迈克尔·康纳利. 叙述探究与教师发展[J]. 北京大学教育评论，2008(1)：51-69.

② Clandinin，D. J. & Connelly，F. M. . Teachers' Personal Knowledge：What Counts as Personal in Studies of the Personal. *Journal of Curriculum Studies*，1987，19：487-500.

③ Connelly，F. M. ，Clandinin，D. J. ，何敏芳. 专业知识场景中的教师个人实践知识[J]. 华东师范大学学报(教育科学版)，1996(2)：5-16.

④ ［加］范·梅南. 教学机智———教育智慧的意蕴[M]. 李树英，译. 北京：教育科学出版社，2001：165.

教育敏感性和教育机智的实践认识论。与"理论优先"或"实践优先"的选择相比，教育敏感性和教学机智是一种瞬间行动的智慧，它"在教学的行动中实现自身"。

此外，还有许多学者将教师实践性知识研究视野扩展到具体的学科教学、教师评价、专业认同等方面。但总的来说，他们都赞成"教师实践性知识"是教师个人在自我实践之上的，是自我建构的知识。它是在教师的实践中生发出来、与特定实践情境相关的知识，它融合了教师先前所获得的经验、兴趣、倾向等，并实质性地主导着教师的日常教育行为。

(三)我国对实践性知识的研究

我国对教师实践性知识的研究集中在 2001 年以后，其原因在很大程度上是对教师教育的反思。过去流行的观点认为教育理论是普遍化、概括化和抽象化的，教育实践是教育理论的应用。因此，常见的教师教育模式就是先把大量的教育理论知识传授给教师，要他们记忆或理解这些抽象的、理论性的知识。问题在于，为什么教师学了教育学、心理学，还是不会教书？当研究者把视线转移到教师身上，关注教师的日常教学实践时，发现在教师日常的教育教学工作中，起着决定作用的是教师的"实践性知识"，它指导(甚至决定)着教师的日常教育教学行为。由于教育实践的变动不居，教育实践中没有任何一处情境适合教育理论的照搬照套，教师所接受的教育理论与他们实际教学行为之间出现了严重的脱节。人们逐渐批判教育理论"抽象化"、"教条化"，批判它对实践的无力与无能，批判教师教育中理论与实践脱节，开始热衷于研究教师的"实践性知识"。

不少专家学者都对教师实践性知识提出了明确的定义，分析其特征，并阐明它对于教师专业发展的意义。总的来说，我国对教师实践性知识的研究凸显出两个方面的特征：第一，在研究路径上，研究者一般将教师知识分为"实践性知识"和"理论性知识"(或"内容知识"、"学科性知识")两大类，在此基础上阐发教师实践性知识的特征及其在教师教育教学行为中的作用，对教师知识的这种分类在一定程度上清除了概念的混乱。第二，我国对教师"实践性知识"的研究从一开始就是与教师教育、教师专业发展紧密联系在一起讨论的。这是我国教师实践性知识研究的一个重要特征，它几乎体现在每一篇教师实践性知识研究的著述中。

(四)教师实践性知识研究对教师教育的启示

1. 重新思考教学"知识基础"中"知识"的性质

教师实践性知识的研究表明，确实有一些特殊的"知识"在支撑着教师的教学行为，但这种"知识"并不是我们通常所认为的"教育理论知识"。它主要蕴涵在教师的日常教学行为中，以产生这种知识的特殊情境为取向，并往往不能够用语言准确表述。这表明以往所认为的存在一个客观的教学"知识基础"的观点遭到了挑战。实际主导教师教学行为的，并非是"外在的""客观的"理论知识，而是教师的实践性知识。

教师实践性知识有三个特征：一是个人性。教师实践性知识是以个人的直接经验为基础，在长期与环境的互动过程中产生的。教师通过对教育教学实践的经验探索、自我思考与建构，形成了一套对自己有用的认识和行动框架，在教育教学中无意识地"自动化"地表现出来。教师实践性知识浸透着教师个人的能力倾向、认知特征和个人品格，是教师个人所拥有的、独特的知识。二是实践性。教师的实践性知识只能在实际的教学中由教师自己建构而来，而又在实践中"自动化"地表现出来。正是由于实践性知识是根植于实践的，它具有综合性、整体性、模糊性的特征，因此很难用精确的语言来表达它，更难以将它划分为几个界限清晰的"知识领域"。三是情境性。某个教师所获得的实践性知识总是特定情境中的知识，比如特定的年级、特定的学生、特定的内容的知识，等等。它不是脱离具体情境的"抽象"知识，而是依存于特定情境的。实践性知识向人们展示了专业实践的复杂性，强调关注教师专业知识的形成、转化过程，突出了教师知识形成中实践参与的重要意义。教师是自身实践性知识的主动建构者，同样是教育知识的"生产者"与"创造者"，这在本质上提高了教师在专业教育和专业发展中的主体性。

近年来，研究者越来越认识到教师实践性知识在增强教师专业特性、改善教师教育和促进教师专业发展方面所具有的重要作用，越来越多的研究者在强调实践性知识对教师教学实践的支配作用时，倾向于将其看作教师专业发展的知识基础。① 这意味着，教师教育要正视教师实践性知识的存在，把教师实践性知识纳入其视野，为教师实践性知识的生成和发展创设平台。为此，教师教育课程要包含足够的实习时间，实习要合理安排并在有质量的指导下进行，比如，在理论课程的教学中也要努力创设情境化的学习经历，通过自传、日志、案例教学、行动研究等方式，帮助课程学习者在具体情境中丰富和发展他们的实践性知识。

2. 重新定位教师教育课程学习者的角色

一方面，教师是个人教育知识的建构者。传统的教师知识观排斥了教师在形成知识过程中的主体参与性，教育知识被认为是大学专业人员的专利，是教育知识的"生产者"，而师范生和中小学教师则是教育知识的"消费者"和"执行者"，只能通过教师培养或培训课程，从专家那里获取这些知识。在这种观点的影响下，教师教育的目标在于追求教师对这些知识的记忆、掌握与运用，其最关心的是将那些视为必需的"知识"、"技能"等各项素养通过传递的方式让教师获得，在所谓"专业发展"的过程中，要求教师接受一套现成的、权威的、"真理式"的知识。而教师实践性知识突出了教师知识形成中实践参与的重要意义。教师不再仅仅作为知识的被动"消费者"与"传递者"，而是实践性知识的主动建构者，是教育知识的"生产者"与"创造者"，这在本质上提高了教师在专业教育和专业发展中的主体性。②

另一方面，"教师教育要从自上而下的灌输转向平等的对话"③。教师知识的研究表明，专业教育、专业发展不能与经验分离，实际情境中所面临的问题往往都非常复杂，而理论知识则往往是单纯的、概括的、简化的。这两者之间无法直接一一对应，教育实践工作者无法把先前所学的知识直接拿来

---

① 陈向明. 实践性知识：教师专业发展的知识基础[J]. 北京大学教育评论，2003（1）：104-112.

② 李琼，倪玉菁. 从知识观的转型看教师专业发展的角色之嬗变[J]. 华东师范大学学报（教育科学版），2004（4）：31-37.

③ 鞠玉翠. 走近教师的生活世界——教师个人实践理论的叙事探究[M]. 上海：复旦大学出版社，2004：339-340.

——应用。理论的作用更多的不是指导实践而是促进实践者反思、提升实践者的反思水平。教师教育的目的应是帮助教师通过新的教育理论来理解、检验和批判性地反思自己的实践性知识，从而改组或改造原有的教育知识结构；职前和在职教师教育中的教育理论教学不能停留在灌输的水平；教师教育不应是呈现一套固定的规则，要求教师照搬，而应提供各种有代表性的理论观点及其背景和依据，扩展教师的视野，加深他们对教育的理解，从而帮助他们做出更明智的选择，帮助教师丰富和发展他们个人的实践性知识。

第四章　教师教育课程改革的国际趋势

　　《教师教育课程标准(试行)》的研制是建立在对国际教师教育课程改革研究的基础之上的，研究国际教师课程改革有助于总结世界教师教育课程改革的特点与趋势，使我国教师教育课程改革立足于国际前沿。我国《教师教育课程标准(试行)》在编制过程中借鉴了以美国、英国、德国、法国、澳大利亚为代表的国家和我国香港、台湾地区在教师教育课程标准、教师教育课程理念与实践等方面的做法。

一、国际教师教育课程改革的时代背景

　　从国际上来看，有多种原因驱动各国日益重视教师教育的质量，推进教师教育及其课程改革。概而言之，基本的动因可以归纳为以下三条。

(一)推动教师专业化的需要

　　长期以来，确认教师职业的专业性，推进教师专业化进程，都是有关国际组织和各国政府努力的目标，也是世界各个国家提高教师质量的共同战略。1966 年国际劳工组织和联合国教科文组织提出《关于教师地位的建议》，首次以官方文件的形式对教师专业化作出明确说明。自此，教师专业化成为许多国家教师教育改革的目标。20 世纪 80 年代以来，以 1986 年美国卡耐基工作小组、霍姆斯小组发表的《国家为培养 21 世纪的教师做准备》《明日之教师》两个报告为代表，国际社会的教师专业化运动达到了一个高潮。20 世纪 90 年代，欧洲经济合作与发展组织也就教师和教师专业化改革发表了一系列报告。

1996年，联合国教科文组织召开了以"加强在变化着的世界中的教师的作用之教育"为主题的第45届国际教育大会，提出"在提高教师地位的整体政策中，专业化是最有前途的中长期策略"。在国际组织的大力倡导下，为提高教师教育的质量，推动教师专业化，各国纷纷制定教师专业发展规划或出台教师教育指导性文件，教师教育改革的力度不断加大。

(二)基础教育质量改革对教师素质提出的要求

20世纪80年代以来，面对日益剧烈的国际竞争，发达国家掀起基础教育的质量改革运动，并最终把提高基础教育质量的落脚点放在提高教师素质上，开始对教师教育及其课程进行改革。以美国为例，美国自从1983年《国家处于危机之中：教育改革势在必行》出台以来，为消除学校教育的"平庸"，美国各州都采取了强硬的措施，改组学校，提高标准，加强教学效能评定以提高学生的学业成绩，但改革并未取得理想的效果。全美教学与美国未来委员会 (Nation Commission on Teaching & America's Future，NCTAF)在其报告中宣称：(1)教师的知识和能力直接影响着学生的学习；(2)改革学校教育的关键是培养、选拔和留住优秀的教师；(3)学校只有改善了教师的教学环境，改革才能成功。[①] 实践的教训和教育理论研究的结果再一次昭示：教师才是解决美国教育问题的答案。所以，近几十年来，美国始终从国家战略发展的高度，来认识教师教育改革的意义，并把教师教育改革确定为教育改革的重心，使得教师教育获得了较大的发展。此外，在德、法等国，基础教育的质量改革也引起了对教师教育前所未有的关注。

(三)社会发展对传统教师教育的挑战

除了教育本身的改革，社会、经济、科技的发展对于学校特别是教师提出了一系列挑战。随着经济全球化的扩展，学生的文化背景、家庭背景日益复杂，来自多元文化背景的、移民的家庭的学生日益增多。社会的发展和文化变革日益加快，要求教师教育帮助教师们做好面对日益多样化的学生的准备。此外，信息时代的经济与社会发展也为教师教育提出了越来越高的要求，

---

① 邓涛，单晶. 近二十年来美国教师教育的改革与发展[J]. 外国教育研究，2003 (5)：42-46.

提高教师教育的质量是历史进步使然，信息时代的教育改革使然。

总之，在当代教育改革实践中，教师的工作职能出现了深刻的变化，这种变化极大地提高了教师劳动的复杂程度和创造性质，同时也对教师教育提出了新的要求。通过改革教师教育课程来提高教师素质成为许多国家的必然举措。

二、国际教师教育课程改革的基本理念

各个国家和地区在教师教育改革中都体现了促进教师专业发展的努力。这一理念在改革实践中被具体化为以下几个方面。

(一)以学生为中心，以促进学生的学习和生活为宗旨

教师是儿童发展的促进者。发达国家无一例外地把促进儿童的学习和生活作为教师教育课程的内在追求。具体说来，改革教师教育课程是为了提高教师教育的质量，而教师素质的提高最终是为了促进儿童更好地学习和生活。美国教师专业教学标准委员会(NBPTS)制定的教师专业教学标准是美国对教师专业制定的最为严格、全面和有影响力的标准。它的首要原则就是"教师致力于学生及其学习"。具体说来，教师要关注所有学生的学习，相信所有学生都能学好，平等对待学生，注意学生的个别差异，根据学生的兴趣、能力、技能、知识、家庭背景和伙伴关系等来调整教学；了解学生的发展与学习，能够将通行的认知和智力理论运用于实践，了解背景和文化对行为的影响，培养学生的自信、动机、公民责任，对个体、文化、宗教以及种族等方面差异的尊重。英国教师教育的纲领性文件——《合格教师资格标准与职前教师教育要求》在导言中就指出，"教师是最有影响力的职业之一。他们可以通过他们的日常工作对儿童的生活产生巨大的影响：包括通过他们所教的课程直接地影响儿童，以及通过他们的行为、态度、价值观、对学生的兴趣以及与学生的关系间接地影响儿童"，"好的教师应该总是对学生以后能够取得的成就抱乐观的态度……教师应该理解所有的学生都能够取得巨大的进步，理解学生的学习潜力是无穷的……"①另

---

① Department for Education and Skills & Teacher Training Agency. *Qualifying to Teach*: *Professional Standards for Qualified Teacher Status and Requirements for Initial Teacher Training* (revised 2008). [DB/OL]. [2010-12-16]. http://www.tda.gov.uk.

外，法国的"中小学教师专业能力要求"，尤其是"小学教师教育专业能力要求"也是围绕学生的学习需求和各方面发展的需求展开的。

(二)着眼于教师终身的专业发展规划的教师教育课程

社会变化步伐的加快使得各行各业都日益重视终身学习，对于教师而言，专业发展本身就是一个持续终身的过程。各国都在教师教育文件及课程中强调终身学习的重要性，努力培养教师的终身学习能力；同时，注意教师教育课程的连续性，使教师教育为教师的专业发展提供持续的支持。

英国的《教师教育课程标准》在前言部分就对职前教师教育作出了清晰的定位——"职前教师教育是长期的专业发展进程的开端"，"合格教师资格标准仅仅是连续的专业发展过程的第一阶段的要求，专业发展还要贯穿在入职教育和整个从业生涯中"。① 1998 年苏格兰教育部制定的《苏格兰教师职前教育课程指导性文件》也明确提出："教师职前教育要培养学生持续的专业发展能力"，"作为教师专业教育的第一阶段，教师职前教育是教师专业发展的基础"。② 对教师职前教育的特殊性的认识，正是英国对教师教育课程改革的重要基础。

(三)将实践与反思置于课程计划的核心

教师专业发展的国际研究表明，教师专业发展不是从理论学习到实践应用的线性过程，而是一个在实践体验的基础上结合经验进行反思的渐进过程。因此，不少国家在教师教育课程设置、时间安排上将实践以及对实践经验的反思置于教师教育课程计划的核心。

德国的教师教育分为大学学习和实习学校实践两个阶段，不仅在第一阶段安排了实践，而且规定师范生在大学学习阶段结束后要作为见习教师进行为期两年的实践，因此师范生在走上工作岗位以后就能得心应手地投入工作

---

① Department for Education and Skills & Teacher Training Agency. *Qualifying to Teach*: *Professional Standards for Qualified Teacher Status and Requirements for Initial Teacher Training* (revised 2008). [DB/OL]. [2010-12-16]. http://www.tda.gov.uk.

② 教育部师范教育司. 教师专业化的理论与实践[M]. 北京：人民教育出版社，2003：241-245.

中。为使教师"成为深思熟虑的实践者",法国要求师范生在为期两年的学习中,由浅入深、由表及里地展开三类教育实习:熟悉性实习、(由指导教师)陪伴实践实习和责任实习。① 英国的教师教育机构将"实践体验"置于整个教师教育课程方案的核心地位,提出"教学是一个动态的、问题解决型的、为了孩子的发展而做决定的过程","每个阶段的实践体验都是一个学习过程,而(师范生)与其他专业人员一起对经验进行反思与分析,使得真正的学习得以发生"。② 为切实培养师范生从事教学工作所必需的各项技能,"实践体验"被分散安排在各个学年,与其他内容的教育交叉进行、互为支撑。

一些研究人员(如 Reid,A.,O'Donoghut,M.)也指出,教师教育课程应该培养教师系统地、批判性地探究他们的教育实践,致力于将教师培养成为批判的探究者(critical enquirer),应将基于探究的(enquiry-based)学习作为整个教师教育培养方案的组织逻辑。师范生通过探究来学习,而不是为未来的探究做准备。也就是说,要将探究置于教师培养方案的中心(central focus),而非只是其中的一个元素。③ 我国台湾的杨慧文博士从能力观的角度将世界范围内的教师教育范式归纳为五类:能力本位、实务/实际、研究/探究、反省/批判以及社会重建的教师教育范式,同时指出这些范式之间的差异是"相对的"而非"绝对的",而"研究/探究"是各种教师教育范式的相对核心。④这种教师教育理念同时也体现在教师教育课程计划中。

(四)发挥教师专业标准或课程标准的参照作用

出于对教师工作重要性的认识,不少国家或地区加大了规范教师教育的力度,将制定与实施教师教育课程标准或教师专业标准作为推动教师专业化

---

① 李其龙,陈永明. 教师教育课程的国际比较[M]. 北京:教育科学出版社,2002:98.

② University of Cumbria. *Primary Initial Teacher Education School Experience Handbook for Full-time Students Undergraduate and Postgraduate*,2005－2006. [DB/OL]. [2005-09/2005-11-26]. http://www.ucsm.ac.uk.

③ Reid,A.,O'Donoghut,M.. Revisiting Enquiry-based Teacher Education in Neoliberal Times[J]. *Teaching and Teacher Education*,2004,20:559-570.

④ 杨慧文. 变革中的教师教育范式——海峡两岸之比较研究[D]. 华东师范大学,2003:24.

的重要策略，颁布了一系列教师教育课程方面的标准或相应的纲领性文件(见表 4-1)。因此，"20 世纪 90 年代以来，教师教育出现了一种'专业标准取向'"。①

表 4-1　各国教师教育标准或相应纲领性文件

国家	文件名称	颁布时间	颁布机构
英国	《职前教师教育课程要求》 《英国合格教师专业标准与教师职前培训要求》	1998 年 2002 年 2008 年修订	教育与就业部和教师培训司 教育与技能部和教师培训司
美国	《学科教师专业标准》 《美国专业教学标准》 《加利福尼亚等州教师专业标准》	2008 年修订 2001 年修订 1997 年至今	全国教师教育认证委员会（NCATE） 国家教师专业教学标准委员会（NBPTS） 各州教育委员会
德国	《德国教师教育展望》	2000 年	教师教育委员会
法国	《第 94－271 号通报》 《第 97－123 号通令》 《中小学教师专业能力标准》	1994 年 1997 年 2007 年	国民教育部 国民教育部 国民教育部
俄罗斯	《高等职业教育学科方向和专业分类标准》 《高等职业教育国家教育标准》	1994 年 2000 年	国家高等教育委员会 教育部
澳大利亚	《全国教师专业标准》②	2010 年征询意见 2012 年正在试行	澳大利亚教学与学校领导研究协会

---

① Reid，A.，O'Donoghut，M..Revisiting Enquiry-based Teacher Education in Neoliberal Times. *Teaching and Teacher Education*，2004，20：559-570.

② *National Professional Standards for Teachers*. ［DB/OL］. ［2012-02-20］. http://www. teacherstandards. aitsl. edu. au/Standards/Overview.

依据这些政策文件对于教师教育各个环节的指导作用是直接的还是间接的，可以将它们分为两类，一类是教师教育机构课程教学的指导文件，如英国的《英国合格教师专业标准与教师职前培训要求》，它实际上是教师教育课程标准，教师教育机构参照它设置课程、开展培训，同时，评估机构将它作为评估初任教师和教师职前教育的依据。另一类是教师专业标准，如美国一些州的教师专业教学标准，它不直接规定教师教育机构的课程教学，但它却是教师从业的硬性条件。在普遍实施教师资格证书制度的情况下，教师必须获得资格证书才能从教，这就使得教师教育机构自觉地以专业标准为参照，将专业标准的要求整合到教师教育课程教学中。

总的来说，教师教育课程标准或教师专业标准的颁布和实施使教师教育的课程教学有据可依，不管教师培养采取何种模式，具体开设哪些课程，都不能偏离课程标准的基本要求，从而保证教师培养达到一定的质量标准。

三、当前国际教师教育课程改革的共同趋势

尽管由于文化、教育传统的差异，各国教师教育的课程教学具有各自的典型特征，但也呈现出一些共同的趋势。

(一)形形色色的模块式课程

发达国家教师教育机构的整个课程结构大多以模块化的形式构建，几个大的模块组成某一专业的课程方案，每个模块由若干个学习单元组成。一个完整的课程模块还包括该部分内容的学习目标、所需的学习材料或条件，以及考核评估标准等。

1. 英国：四大模块，有机结合

以本科层次的教师教育课程为例，英国本科层次职前教师教育课程内容一般分为"核心课程研究"、"专业研究"、"学科研究"、"实践体验"四大模块。

"核心课程研究"指每位师范生都要深入研究英语、数学、科学三门国家核心课程；"学科研究"指师范生要根据自己的兴趣选择小学阶段的一门学科作为自己的专门领域，有的大学(如威尔士大学)还要求学生在第一、第二学

年从小学基础科目①中选修一门，前者称为主攻科目，后者称为选修科目（见表4-2）；"专业研究"目的是要培养师范生对教育科学的理解和基于教育实习经验的反思；处于核心位置的"实践体验"课程则"提供了一种情境，使整个培养计划形成一个有意义的整体"（见表4-2）。②

表 4-2　威尔士大学班戈教育学院 3 年制 BED 课程模块及学分③

（假设某师范生的主修学科是数学，选修的学科是历史）

第一、第二学年模块及学分		第三学年模块及学分	
模块及内容	学分	模块及内容	学分
学科研究：数学	15	学科研究：数学	30
学科研究：历史（选修）	15	核心课程研究	20
核心课程研究	30	专业研究	20
专业研究	30	论文	20
实践体验	30	实践体验	30

注：每一学年的"实践体验"模块为 8 周。

2. 法国：基于三大模块的"模块课程"

法国主要的教师培养机构——教师教育大学院（IUFM）同样是采用模块式课程来培养师资。课程包括学科教育与教学论教育、普通教育、实习、论文和个人工作这几个要素。为实现理论与实践的结合，IUFM 设置专门运用理论知识解决实际问题、加强学科之间相互渗透的模块课程。④ 模块课程分为必修模块、选修模块和自由选修模块，其中，Poitiers 学区的 IUFM 小学师资

---

① 英国小学阶段的基础科目共 7 门：艺术与设计、设计与技术、地理、历史、信息交流技术（ICT）、音乐、体育。

② 张文军，王艳玲. 职前教师教育中的"学校体验"：英国的经验与启发[J]. 全球教育展望，2006(2)：23-28.

③ University of Wales, Bangor, School of Education, BEd(Honours)in Primary Education(leading to the award of QTS)Course Handbook and Programme Specification, Summer 2003. [DB/OL]. [Summer 2003]. [2005-10-25]. http://www.bangor.ac.uk/ad-dysg/courses/BEd/details.php.

④ 陈永明. "3＋2"——法国教师教育新模式[J]. 外国中小学教育，2007(4)：5-12.

的二年级学生必修的模块为教育哲学、心理学、教育社会学和对教育体制的认识，目的在于帮助准教师们思考与未来职业相关的问题。

3. 美国：以习明纳为主要形式的模块课程

"习明纳"是美国高等教育中普遍使用的一种教学形式，其主要的特点就是不拘囿于书面的刻板知识，而鼓励学生们和教师一起围绕某些主题，进行资料收集、案例研究或具体的技术要求等展开教学。美国的教师教育机构大体上以大学的教育或教师教育学院(系)[college/school/ department of(teacher)education]为主。一些教师教育机构也采用模块课程，例如，夏威夷大学教育学院的两年制职前教育硕士课程(Master of Education in Teaching，MET)由三部分组成：基于大学的专业研究习明纳(Seminar)、学校体验和学校中的习明纳。该课程计划的核心是探究、反思与写作，职前教师要在专业发展学校中获取广泛的实践经验。①

模块课程的显著特点是开放性、灵活性。一个模块中的教育内容分为若干单元，当新内容加入时，只是扩充了该模块的内容或增加了新的课程模块，而不会对课程整体方案产生重大影响。在课程方案相对稳定的前提下，一方面，可以及时增删课程内容，吸取教育科学研究的新成果，保持课程的适应性；另一方面，模块化的课程单元因为内容短小，便于灵活组合和采用不同的教与学的方式。发达国家采用模块式课程客观上使得教师教育课程体系本身保持相对的开放性，教师教育机构及教师教育者可以灵活地调整、更新教学内容，课程在实施过程中根据外部因素(如学习理论研究的新成果、基础教育的新需要)持续改进，而不会为封闭的学科体系所局限。

(二)理论与实践交叉互动的课程结构

各国教师职前教育无论政策还是实践层面都反映出这样一种共识：理论教学与教育实习都是教师教育中的教学过程，实习在时间与空间上与教师教育的全过程水乳交融、密不可分。师范生的学习是一个理论与实践交替进行、

---

① Freese A. R. Reframing One's Teaching：Discovering Our Teacher Selves Through Reflection and Inquiry[J]. *Teaching and Teacher Education*，2006，22：100-101.

交叉互动的过程。

1. 英国：理论实践均分交叉的课程结构

英国职前教师教育非常重视师范生的教学技能培养，认为脱离中小学的教学实践难以达到师资培养的要求。因此，职前教师教育课程中教学实践占有较大的比重，而且教学实践活动分散安排在各个学期，师范生从学习教师教育课程开始，就接触和联系中小学，了解并熟悉教师职业技能（见表 4-3）。

表 4-3　英国职前教师培养模式及相应的实践性课程的时间

培养类型	培养模式	实践体验（周）
幼儿教师	3 或 4 年制本科	32
	1 年制（3＋1）本科后教育证书	18
小学教师	3 或 4 年制本科	32
	1 年制（3＋1）本科后教育证书	18
	2 年制（2 年学科专业＋2 年教育专业）	32
中学教师	1 年制（3＋1）本科后教育证书	32
	2 年制（2 年学科专业＋2 年教育专业）本科	24

注：师范生的上述"实践体验"至少要在两所学校进行。

英国教师教育机构对"实践体验"的时间安排大致有三个方面的特点：第一，连续性和阶段性，多次进行而又相对集中，贯穿在师范生整个学习过程的始终。充足的时间为师范生全面、深入了解学校及教师的工作提供了前提，同时又循序渐进地安排"实践体验"的内容，有计划、有步骤地训练师范生实际的教育工作能力。第二，"实践体验"的内容与大学中的学习内容紧密结合。教师教育机构将"实践体验"置于整个教师教育课程方案的核心，将之整合到其他各个模块中，分散安排在各个学年，与其他内容的学习交叉进行、互为支撑。第三，强调教育经验多样化。英国教师职前教育中的教学实践活动形式多样，内容丰富（见表 4-4，表 4-5）。师范生到中小学校的见习或实习活动不仅有听课、上课，还有对中小学生学习情况的调查分析，对中小学生进行个别辅导，指导中小学生开展活动，此外还在中小学实习导师的指导下，就教学实习过程中的问题开展研究和讨论，大学教育学院的导师也定期到中小学为师范生答疑解难，为师范生的表现提供反馈。这样，师范生广泛接触教育教学工作，对影响教学过程的各种因素给予充分的关注，又把教育学院中的理论学习和亲身的实践经验结合起来，为毕业后的教育教学工作打下了良好的基础。

表4-4　英国4年制小学教师教育"实践体验"的时间安排及预期工作量①

	秋季学期	春季学期	夏季学期	总计(周)
第一学年	春秋学期各有4周(到小学各个年级)，每周2天(40%～50%)		连续4周，在小学低年级(50%)	7
第二学年		连续4周，在小学高年级(50%～60%)	连续2周，内容为基于学校的研究	6
第三学年	连续5周，在主攻学段的班级(60%～70%)		连续3周，开展基础科目的教学；组织学生活动	8
第四学年		在主攻学段的班级见习及实习准备1周，连续实习8周(70%～80%)		9

注：括号内数字是对完成正式教师工作量的规定。

表4-5　英国伯明翰大学的1年制本科后教育证书课程课时安排②

秋季学期(14周)	春季学期(12周)	夏季学期(10周)
中小学见习1周；以大学为基地的教学活动6周(其中4天在中小学进行入门教育)；在中学A实习5周；以大学为基地的教育活动2周(其间参观中学B)	全部12周在中学B实习(其中2天回到大学对实习情况进行反馈、总结)	以大学为基地的教学活动5周(其中4天在中学)，回到中学A实习4周，以大学为基地的教学活动1周

---

① 4Yr QTS placement progression July 2005 doc. [DB/OL]. [2005-07-15]. [2005-12-05]. http：//www. ucsm. ac. uk/partnership/primaryhandbook. php.

② [2005-08]. [2006-05-05]. http：//www. education. bham. ac. uk.

2. 俄罗斯：以渗透式教育实习为特点的课程结构

重视教育实习一向是俄罗斯师范教育的传统。俄罗斯各师范院校都为学生安排了充实的实习计划，一共要进行不少于 20 周时间的实习，而且是分配到各个学年中去进行，每年的实习时间不少于 1 个月。[①] 在实习的内涵上，俄罗斯师范教育的实习包括了理论知识的运用、教育思维的培养、教育技巧的获得、个性化知识的系统化、教育－心理分析能力的养成、善于与孩子交往的目标形成、职业的认识和理解、职业经验的吸取以及自我教育和培养的进行，等等。这样的实习指向有利于将关于学生的知识、情感、态度、价值观、教育活动能力、职业认识等多种目标综合起来培养。在实习场景上，俄罗斯将师范教育的实习场景扩展为包括学校机构在内的夏令营、社会保健－教养中心、教育－心理和社会医疗救助中心等多种场景的共同使用。其中，学校机构包括我们常用的中学，还包括属于中等师范教育的师范专科学校。这样有利于将学校和社会结合起来，也有助于让学生从多个角度去理解教育这一职业活动的性质。在实习时间上，俄罗斯将师范教育的 20 周实习时间分配到每个学年去进行，教育实习不再是师范生快要毕业时的临阵磨枪，而成为了学习常态。

(三)以学习者为中心的多样化教学方法

课程实施是教师教育的核心环节。教师教育的质量和效果在很大程度上取决于课程实施，也就是教学。同时，各国教师教育机构的课程实施也是最能体现教师教育机构和教育者特色的部分。

法国的 IUFM 结合了多种学习和教学方式，如个人工作、职业培训小组、习明纳等。其中，职业培训小组一般由 15～20 名同一学科的实习教师组成，是学习组织的基础单位。小组由一名或数名监管者负责。在这个小组里，师范生们可以为第一学年的会考准备职业档案；预先编排第二学年的教育历程（如确定论文的主题、准备职业论文等）；进行口头表达的训练；组织、准备教学实习和企业实习，并在实习后进行总结。

---

① 张男星. 当前俄罗斯师范教育改革的研究[J]. 全球教育展望，2007(7)：87-93.

英国教师职前教育课程的教学方法多种多样。例如，伦敦大学教育学院的本科后教育证书课程教与学的方法包括集中讲座、学科研讨会、工作坊(workshops)、习明纳、同伴指导(peer tutoring)，以及在大学导师指导下自学。师范生要做演讲、直接承担小学的教学任务，参观一些示范小学等。英国威尔士大学班戈教育学院的教育学士学位课程中，教与学的方式包括集中讲座、导师组织的讨论、习明纳、工作坊、阅读。这些教学和学习的方式将教育学院的学习与实践体验结合起来，理论和实践得到整合。工作坊是其中最常用，也是最重要的方式。① 胡德斯菲尔德大学(University of Huddersfield)的教师教育课程教与学的方法则包括：讲座、"习明纳"、导师指导(tutorials)、同伴指导、小组讨论、案例研究、演讲、角色扮演、观摩、辩论等。②

　　国外教师教育课程实施的一大特点是非常关注将教育研究的新成果运用到教师教育中，积极尝试教师教育课程内容和方法的变革。多元文化、女性主义、建构主义教学被教师教育者转换为教学理念运用到教师教育中，合作学习、问题学习法、案例研究、自传性写作等则被用作教师教育课程的教学方法。

　　澳大利亚蒙纳什大学(Monash University)教育学院的爱德华兹(Edwards，S.)教授和海默教授(Hammer，M.)将问题学习法(Problem Based Learning)用于培养小学教师的儿童发展课程中。例如，他们用一个(虚构的)小女孩——劳拉从4岁到9岁成长过程中的可能面临的一系列问题设置问题情境，师范生5人为一组，分别扮演劳拉的父母、伙伴等人，应用儿童发展的理论知识，协同解决问题。实践证明，教师教育课程中使用问题学习法能使未来教师置身于儿童发展的真实问题或情境，培养未来教师批判性评估信

---

　　① University of Wales，Bangor，School of Education，Bed(Honours)in Primary Education(leading to the award of QTS)Course Handbook and Programme Specification，Summer 2003. [DB/OL]. [Summer 2003]. [2005-10-25]. http://www. bangor. ac. uk/addysg/courses/BEd/details. php.

　　② University of Huddersfield. Programme Specification. [EB/OL]. date of programme specification. [July 2003]. [2005-12-08]. http://www. hud. ac. uk/registry/programme_specs/education_and_professional_development/d507_bed_schools_maths. doc.

息、解决问题以及参与协作的团队工作的能力。① 有的教师教育者采取多种方法来培养师范生的反思能力，如案例研究、课堂讨论以及日志。自传性写作被广泛地用来作为一种鼓励职前教师评估他们自己生活和学习经历的方式。② 美国的布朗教授（Braun，J. A.）和克鲁普勒教授（Crupler，T. P.）运用叙事反思和自传性写作的方法培养师范生的反思能力。他们用叙事分析的方法总结自己的教学实践，在《社会课传略：在职前教学法课程中培养反思能力》一文中指出，尽管不少教师教育者看到了自传性写作对未来教师的影响力，但问题在于师范生几乎没有可供回忆的小学社会科教学经验，因此，研究结果仅反映出社会科方法课程中的自传性写作对于鼓励职前教师深入思考和更广泛地反思成长过程中学习经历的意义。③ 此外，艾克教授（Eick，C. J.）等人将情境学习模式（situated learning model）应用到职前科学方法课程（science methods course）的教学中，倡导师范生与一线教师合作教学。④

（四）重视学习的过程评价和结果评价

不少国家的教师教育实施过程中，质量保障渗透在每一个环节：不仅重视过程性评价，并在一个阶段的学习结束保持一定的淘汰率。从单纯的量化评价转向注重成长性、过程性的质性评价。

1. 成长记录袋：教师教育机构常用的质性评价方式

作为收集学生学习过程中素材的一个工具，成长记录袋被广泛运用于国外教师教育机构的教学中。实践证明，教师教育中的成长记录袋评价顺应了真实性评价的国际浪潮，它有着显著的优点：促进学习者持续的反思

---

① Edwards S., Hammer M.. Laura's Story：Using Problem Based Learning in Early Childhood and Primary Teacher Education. *Teaching and Teacher Education*，2006，22：465-477.

② Braun J. A., Crupler T. P.. The Social Memoir：An Analysis of Developing Reflective Ability in a Preservice Methods Course. *Teaching and Teacher Education*，2004，20：59-75.

③ 同上.

④ Eick C. J. et al.. Coteaching in a Science Methods Course—A Situated Learning Model of Becoming a Teacher. *Journal of Teacher Education*，2003，54(1)：74-85.

和自我评价，同时也是监督、记录和评价职前教师以及教师教育培养方案的手段。①

在美国的一些州（如肯塔基、印第安纳），当前基础教育对绩效及高利害关系测验的关注以及随之而来的对教师质量的批评，使得教师教育机构纷纷发展绩效系统来确保毕业生的质量。编制一个既对职前教师的学习有意义且又整合了新教师标准的成长记录袋就成为教师教育者的必然选择。② 有的教师教育机构为回应这种需求，使用电子成长记录袋系统地、有计划地收集师范生的学习信息，并依据新教师标准（已被整合到教师教育课程计划中）来评价成长记录袋，并及时提供反馈。

在苏格兰，阿伯丁大学教育学院对师范生的实习制定专门的分年级、分时段的"实习记录袋"，例如，在三年级的一个幼儿园实习段——2周的见习和3周的实习结束时，实习记录袋内要包括以下四部分的内容：（1）实习生及实习幼儿园的基本信息；（2）本阶段实习的目标和计划；（3）实地调查记录，每日工作计划表，工作情况、进展，对儿童的观察计划表及观察记录，幼儿园教育环境中整合理论与实践的反思记录；（4）幼儿园见习与实习的自我评价，与合格教师标准相比个人进步情况的自我评价，对整个幼儿园体验阶段的简要总结，下一阶段"实践体验"的目标，实习幼儿园导师及校长的签名。③ 每次实习结束，师范生还要列出准备与实习导师探讨的问题，并做好讨论结果的记录；同时列出下一次实践中针对该问题的改进计划。借助于实习记录袋，阿伯丁大学将反思与评价贯穿于整个实习过程中。

同时，成长记录袋带来的问题也逐渐引起一些关注，如教师教育者的工

---

① Cheryl S. et al.. Implementing Portfolios in a Teacher Education Program. *Issues in Teacher Education*，2005，14(2)：25-43.

② Sam E. et al.. The Use of Technology in Portfolio Assessment of Teacher Education Candidates. *Journal of Technology & Teacher Education*，2006，14(1)：5-27.

③ The University of Aberdeen，Faculty of Education. BEd (Primary)-Documents，School Experience Booklet Year 1，placement guide for school experience 1.2 Bed，2005—2006. [DB/OL]. [summer 2005]. [2005-12-08]. http：//www. abdn. ac. uk/education/partnershipunit/BEd1-SEBooklet-051. doc.

作负担问题。另外，对于一些师范生而言，标准化的成长记录袋不能很好地反映他们作为一个教师的全部素质。尽管如此，成长记录袋仍然是当前教师教育课程评价领域使用较广泛的方式，不断改进和完善成长记录袋成为众多实践者和研究者关注的问题。

2. 基于淘汰制的终结性评价

发达国家大多对师范生的学习结果进行严格的评价，教师职前教育在各个年级或阶段始终保持一定的淘汰率。

以英国为例，在威尔士大学班戈教育学院的第一二学年，除"实践体验"外，学生学习其他模块所取得的成绩必须处于全部学习者的40％以上才能通过。"实践体验"分为5个等级，学生至少要达到4级标准才能获得相应学分，必须通过所有必修模块才能继续下一年的学习。在选修模块中，他们的成绩要处于前30％。① 伦敦大学教育学院初等PGCE(本科后教育证书)课程中，师范生及其导师经常性地通过作业、检查(audit)、反馈等方式检查进步情况，并从教学观察、作业、学科知识发展、专业品行几个方面进行最后的课程学习评价。修完所有课程后，要获得PGCE证书，需要通过实际教学评价和书面考试两个环节。② 但要获得合格教师证书，除了需要成功完成小学教师职前培训课程并获得PGCE证书，还须参加全国统一的数学、阅读和ICT测试。

德国各州将教师职前教育的两个阶段分别称为修业阶段和见习阶段。修业阶段在大学进行，以第一次国家考试告终。通过考试者方有资格作为见习教师参加第二阶段的培训。第二阶段结束再举行第二次国家考试，通过考试

---

① University of Wales，Bangor，School of Education，Bed(Honours)in Primary education(leading to the award of QTS)Course Handbook and Programme Specification，Summer 2003. ［DB/OL］. ［Summer 2003］. ［2005-10-25］. http：//www. bangor. ac. uk/addysg/courses/BEd/details. php.

② Institute of Education，University London. Primary PGCE(full time). ［EB/OL］. ［2012-03-12］. http：//www. ioe. ac. uk/study/teacherTraining/IPGP_PRI99F. html.

者可获教师资格证书，成为正式教师。①

综上所述，21世纪以来，国外的教师教育在教师专业发展的要求的背景下，都展开了以学习者为中心，着眼于教师终身专业发展的教师教育课程改革。各国都非常重视教师教育课程的前沿性、灵活性和实用性；注重模块式课程的开发，注重教育临床研究，注重以学生为中心的教学方法，注重质的评价和强调教育结果的严格标准。

① 李其龙，陈永明. 教师教育课程的国际比较[M]. 北京：教育科学出版社，2002：109.

第五章　我国教师教育课程改革的基本经验

新中国成立60多年来，在社会经济和政治的巨大变化的潮流中，我国的教师教育课程发生了一系列变革，获得了诸多有益的经验。如何处理好继承与发展的关系？如何在"教师教育"的视野下审视既往的变革经验？这些就是本章要回答的问题，也是研制《教师教育课程标准(试行)》不能回避的问题。

一、教师教育课程改革的历程

只有明晰了教师教育课程改革的历程，我们才能对改革中的问题、教训与经验有深入的理解。鉴于我国的教师教育课程改革基本上还是采用自上而下的方式，尽管政策和实践之间常常有落差，但每一时期的关键政策还是起到了相当大的引领作用。我们将分别从职前、在职两个方面切入，对各个阶段的关键政策文本和相关实践资料进行分析。

(一)职前教师教育课程的关键政策及其实践

1. 20世纪50～60年代：国家规定教师教育课程基调

新中国成立以后，我国教师教育事业百废待兴。在这一时期，压倒一切的中心任务是要有稳定的机制担负起培养教师的重任。因此，独立设置的师范院校培养体制初步形成。20世纪50年代中期，教育部颁布了统一的师范院校的教学计划，对高等师范教育机构(含师专)、中等师范教育机构(含幼师)等各级各类教育机构的课程都进行了详细规定。

梳理这一时期的系列文件,不难看出国家对教师教育课程定了这样的基本基调:①

第一,有关课程运作方式,各种课程类型如公共基础课、学科专业课程、教师教育课程都放在一起,没有加以区分。

第二,有关教师教育课程结构和门类方面,高等师范基本以必修为主,包括教育学、心理学、教材教法这三门必修课;中等师范全是必修,除教育学、心理学、学校卫生学外,各科教材教法也都要学习。

第三,有关教师教育课程的设置比例方面,由于受苏联的影响,加上注重生产劳动、社会劳动的特定时代烙印,高等师范的学科课程、劳动类课程基本上占据了主流位置,教师教育课程不断被边缘化。

不过,在1961年的《教育部直属高等学校暂行工作条例(草案)》和1963年的《数学专业课程设置和教学时间计划表》中,教师教育课程的比例开始增加,达到总课时的6%左右。② 自此以后,教师教育课程比例基本就维持在6%～10%。而在中等师范,教师教育课程的走向是减少过多的"师范性",增加"学术性"。在1961年的《三年制中等师范学校教育计划(草案)》中教育课程只占到3%(不含见习、实习),原来的8门教法课减少为2门。

2. 20世纪80～90年代中期:固有模式下的探索与变革

和20世纪五六十年代相比,80年代初的教师教育课程在整体的培养模式、目标上没有大的变化,只是在原有固定模式中进行了一些微调。在中学师资培育课程上,重点是对原有的教学计划进一步完善和规范,提升了教师教育课程的比重。例如,在国家教委1988年颁发的二年制师范专科学校八个专业教学计划中,就明确规定教育理论课(教育学、心理学)共102学时,占

---

① 参见教育部1952年颁发的《师范学校暂行规程(草案)》(这一方案在1953年、1954年、1956年又进行了初步的调整);教育部1952年颁发的二年制师范专科学校的教学计划;1952年印发的《教育系学前教育组教学计划(草案)》;1954年颁发的二年制师范专科学校七个单科、四个双科的教学计划;1955年颁发的两个单科的教学计划;1956年《教育系幼儿教育专业暂行教学计划》。

② 刘英杰. 中国教育大事典(1949—1990)·上[M]. 杭州:浙江教育出版社,1993:863-864.

总学时的 8％，而中学教材教法与初等数学研究 156 学时，占到了总学时的 11％左右；1994 年国家教委颁发的《高等师范学校学生的教学技能培养训练大纲(试行)》中对普通话和口语表达、书写和书面表达、教学工作、班主任工作技能都做了明确的要求和规范。

从 20 世纪 80 年代中期开始，中等教师教育机构的课程变化逐渐明显。①随着培养具有大专学历的小学、幼儿园师资的体制改革，课程也产生了相应的变化。

第一，调整课程结构。截至 1989 年的《三年制中等师范学校教学方案(试行)》，中等师范的课程结构形成了"必修＋选修""专业课＋实践课＋课外活动"的格局。

第二，统一国家教学计划、大纲和教材。这一时期对教学计划重新修订，相继制定教育学、教育实习的大纲，并配备统一的专用教材。

第三，逐渐完善实践性课程的内涵和规定。根据 1980 年的《中等师范学校规程(试行草案)》，教育实习的内涵被扩大，包括实习、见习、参观等活动，涵盖教学、班主任、少先队、课外辅导和家长工作；而在 1989 年的《三年制中等师范学校教学方案(试行)》中，教育实践时间增至 10 周，从入学到毕业的三年期间都安排实践课。

3. 20 世纪 90 年代中后期至今：指向教师专业化的课程改革

20 世纪 90 年代中后期以来，既有的定向型的教师教育体制经历了极大的

---

① 参见 1980 年教育部颁发的《关于办好中等师范教育的意见》《中等师范学校规程》(试行草案)《中等师范学校教学计划试行草案》《幼儿师范学校教学计划试行草案》；1985 年的《幼儿师范学校教学计划》；1987 年师范司的《中等师范学校培养目标(初稿)》；1988 年颁发的二年制师范专科学校八个专业教学计划；1989 年国家教委颁发的《三年制中等师范学校教学方案(试行)》；1991 年国家教委的《关于进行培养专科程度小学教师试验工作的通知》；1994 年国家教委印发的《普通高等师范学校数学教育专业教育教学基本要求(试行)》；1994 年国家教委所颁发的《高等师范学校学生的教学技能培养训练大纲(试行)》；1995 年国家教委出台的《高等师范专科教育二、三年制教学方案》；1995 年师范司颁发的《大学专科程度小学教师培养课程方案(试行)》、1995 年的《三年制中等幼儿师范学校教学方案(试行)》。

变革。1996年年底教育部印发的《关于师范教育改革和发展的若干意见》中提出"健全和完善有中国特色的师范教育体系，健全和完善以独立设置的各级各类师范院校为主体，非师范类院校共同参与，培养和培训相沟通的师范教育体系"的政策，教师教育培养机制逐步形成以现有师范院校为主体、其他高校共同参与、培养培训相衔接的开放的教师教育体系。① 在体制逐渐转型的情况下，各级各类师范院校在培养师资上所占的优势地位基本上不复存在，原有的教师教育课程经受到了强大的冲击，既有的对师资培养的对象、目的、课程设置等的规范亟须被重新认识。

为了应对这种变化，在这一时期，一方面，我们可以看到，国家的角色在逐渐发生变化，不再制定统一的教学计划，而是试图通过构建《教师教育课程标准》《教师专业标准》《教师教育质量评估标准》等一系列标准，在监控基本质量的基础上，鼓励学校自己多加尝试。另一方面，在实践界，关于为什么要开设教师教育课程、教师教育课程到底应该承担怎样的责任、合格及优秀的教师形象是怎样的等问题也不断得到讨论，各级教师教育机构也尝试打破原有教师教育课程的运作模式、结构、内容，使教师教育课程的学术性和师范性得以更好地整合，如近年来很流行的"双专业"的口号、北京师范大学的"4(综合大学模式的专业训练)＋2(教师专业培养)"、南京师范大学的"2(强化全面基础)＋1(提高专业水平)＋0.5＋0.5(后两个半年穿插专业科研、教育培训和各类实践活动，提高综合素质)"等都是在这一时期出现的新尝试。依赖于体制的转型，教师教育课程将更有可能打破原有的多学科中心课程结构的模式，更有可能也更需要进行专业的规划，以保证教师培养的品质。

(二)在职教师教育课程的关键政策和实践

在职教师教育课程主要是两大类：学历教育和非学历教育。学历教育一般采用脱产学习、函授、面授等形式展开；非学历教育一般以短期培训、专题讲座、实地观摩等形式展开。

---

① 参见1996年年底教育部提出《关于师范教育改革和发展的若干意见》(教师[1996]4号)；2001年教育部颁发的《基础教育课程改革纲要(试行)》。

1. 20 世纪 50～80 年代末期：模仿职前课程体系的学历教育，以教材教法研究为主要内容的非学历教育

新中国成立以来直到 20 世纪 80 年代，我国在职教育的重心一直是补偿教师的学历。根据 1954 年全国小学教师学历的统计，不到初级师范学校毕业水平的约有 67 万人，约占全部小学教师的 43％；如果加上不到中级师范学校毕业水平的教师人数，则约占 80％。① 1986 年，国家教委出台的《关于加强在职中小学教师培训工作的意见》中仍然指出：“我国现有普通中小学、农业职业中学教师 802 万人，不具备国家规定学历的约占半数。”可见，教师学历水平较低现象一直是当时我国在职教师教育关注的核心问题。

需要指出的是，当时学历教育主要有两个目的，一是“政治教化”；二是“快速充电学科知识”。为了尽快实现这两个目的，最便捷的方式就是由国家制定统一的教学计划和大纲，采用师范院校的教材，或者对师范院校的教材删繁就简。在这些教学大纲中，课程设置一般分成思想政治课程、教育理论课程、专业基础课程、地方规定课程、教育实践研究活动。其中，教育理论课程基本上占到 10％左右，教育实践研究活动一般规定为 2～3 周，列入教学计划，但不计入总学时，而占到 15％的地方规定课程主要是乡土课程或是技能课程。因此，在职教师教育课程的粗糙是难免的。可以说，在职教师教育课程基本没有指出在职教育的特殊性。②

对非学历教育的短期培训而言，这一时期由于轮训班、教研室等机构的成立，教材教法的培训得到比较多的关注。1983 年出台的《关于加强小学在职教师进修工作的意见》中指出，小学在职教师进修，要从实际出发。当前，要

---

① 刘英杰. 中国教育大事典（1949－1990）·上［M］. 杭州：浙江教育出版社，1993：1051.

② 参见 1952 年教育部的《关于中小学教师进修问题的通报》；1954 年《关于举办小学教师轮训班的指示》《关于改进中学教师进修学院工作的几点意见的通知》；1955 年《关于加强中等学校在职教师业务进修的指示》；1982 年教育部颁布的《中学教师进修高等师范专科 12 个专业的教学计划（试行草案）》《中学教师进修高等师范本科 7 个专业的教学计划（试行草案）》《小学教师进修中等师范教学计划（试行草案）》；1983 年《关于加强小学在职教师进修工作的意见》；1986 年国家教委提出的《关于加强在职中小学教师培训工作的意见》等文件。

以"教什么,学什么""缺什么,补什么"为指导。这一思想鲜明地体现了当时"短、平、快"的培训特征。

2. 20 世纪 90 年代至今:在职教师教育课程体系及其支持体系的健全和发展

这一段时期,受到《中共中央国务院关于深化教育改革全面推进素质教育的决定》、国务院批转的《面向 21 世纪教育振兴行动计划》和第三次全教会等一系列政策文件的影响,在职培训呈现出和前一时期截然不同的特征,主要表现在以下三个方面。①

第一,这一时期政策中所体现出来的"教师教育课程""教师"的性质有了一定的转变。1999 年出台的《中小学教师继续教育规定》提出了新任教师、教师岗位、骨干教师不同的定位和相应的培训内容。人们逐渐开始意识到不同年龄和水平的教师应该拥有不同的在职教师教育课程设置和体系。

第二,自 20 世纪 90 年代末开始延续至今的第八次课程改革对在职教师的课程设置产生了深远的影响,课程改革中的关键议题、问题逐渐被纳入在职教师课程体系中,而基础教育课程改革所提倡的教师作为专业人员、终身学习、校本教研等理念也对在职教师教育课程体系起到了很大的引领作用,促使在职教师教育课程体系不断更新。

第三,各种渠道和层次的教师在职培训体系开始形成,尤其是近几年来各种研究生课程进修班、骨干教师进修班、校际交流、校本培训、教师专业发展等多种培训形式,使以往的一次性培训的观念被打破,如何构建适合不同类型的教师的课程体系、如何使得职前和在职更好地衔接、如何采用多种培训方式等成为在职培训思考的重点。

此外,在职培训课程的支持体系也逐渐发展和完善。在教育部的"跨世纪园丁工程"中,提出了要建立各种基础建设项目、保障系统、行动计划等,包括领导、研究咨询、培训、检测,各种软、硬件的设备等各方面,以保障教

---

① 国家教育委员会师范教育司. 师范教育工作资料汇编[M]. 长春:东北师范大学出版社,2000.

师教育课程的质量。①

二、教师教育课程改革的基本经验

从上述历史分析可见，在 60 多年的改革历程中，我国教师教育课程逐步从不规范走向规范，积累了丰富的改革经验，而这些经验是我们制定标准的实践根基。

(一)教师教育课程改革应和教师教育体制改革协调进行

教师教育课程改革应敏锐地应对体制改革所带来的新挑战和新机遇，与体制改革协调进行。教师教育课程的设置和流变，与整个教师教育体制的改革有密不可分的关系。历史经验表明，体制改革如果没有相应的课程改革作支撑，就很难有效保证教师教育的质量提升。比如，20 世纪 80 年代中后期兴起的培养大专学历的小学师资的改革因为缺少相应的对教师教育课程的全面规划，在实践中出现了"大专学历的小学师资反而不如中专学历的小学师资"的说法。

不过，从历史分析来看，教师教育课程改革往往落后于体制改革。60 多年来，教师教育领域的绝大多数精力是放在教师教育的体制改革上，课程改革往往是被动地响应体制改革的要求，做相应的调整。虽然这几年已经有很多教师教育机构在课程改革上不断推陈出新，但这样的努力相对于整个国家来说还是比较零星的，主要集中在一些资历比较深厚的师范大学。虽然近几年我们能够不时看到各种新的教师教育的课程构想、框架、方案，但大多是比较理想的文本课程。因此，面对 20 世纪 90 年代中后期开始兴起的大规模的体制改革，伴随着从师范教育向教师教育的转型，封闭、定向式的独立体系向开放、非定向的体系转型，教师教育的重心事实上已经从比较粗糙的提升数量转移到提升质量，教师教育课程改革更应该加快步伐，以保证体制转型所希望带来的教师教育质量的提升。教师教育的成功、教师培养质量的提升，不能仅仅依靠体制改革，更重要的是要依赖课程改革。

---

① 马啸风. 中国师范教育史[M]. 北京：首都师范大学出版社，2003：434.

(二)教师教育课程改革应审慎厘清国家、教师教育机构的课程管理权限

从上述历史描述可以看出,国家在整个的 20 世纪 50～90 年代初对各级各类教师教育课程的管控都较严格,尤其是对师专、中等师范(幼师),每隔一段时间都要发布相应的教学计划,从培养目标、课程内容、课时、实施等各方面进行规范。因此,教师教育机构"千校一面"的课程并不足为怪。不过,教师教育的课程管理权限在 20 世纪 80 年代中后期的时候悄悄发生了变化,尤其是自 1996 年开放教师培养的渠道之后,大量的非师范类的教师教育机构涌入。例如,1985 年出台的《幼儿师范学校教学计划》、1995 年国家教委出台的《高等师范专科教育二、三年制教学方案》和《大学专科程度小学教师培养课程方案(试行)》,等等,都不再以统一教学计划的方式呈现,取而代之的是国家对教师教育机构提出的基本要求,学校可因地制宜,灵活运用。

随着师资培育体制的转变,我们可以看到,国家的职责已经发生变化。教师教育课程改革将从国家主导过渡到学校自主的发展。但是国家仍然负有监控的职责,开始通过一系列的标准制定底线搭建质量平台对实践进行规范。只有这样,才能在保证教师质量的底线基础上促进各级各类教师教育机构课程的创新与发展。

(三)教师教育课程体系的改革应思考教师教育课程如何养成教师专业素养

从历史流变中我们可以看出,新中国成立后历次的教师教育课程体系的设置与改革总是在对"什么是一个合格的教师""教师教育课程在培养合格教师中的作用是什么"等核心问题的争论与反思中进行的。新中国成立伊始到 20 世纪 80 年代左右,普遍盛行的观点认为教师没有什么专业性,教师职业具有很强的可替代性,教师教育课程是低水平的,关键是教师的学科基础要扎实。这些观点长期以来阻碍了教师教育课程体系的整体性变革。90 年代中期,对上述核心问题的回答有了历史性的转变。在 1994 年的《中华人民共和国教师法》中,教师被规定为"履行教育教学职责的专业人员"。这从根本上表明教师教育的重心在于培养"专业人员"。人们越来越认识到,一个合格的教师不仅

要有坚实的学科基础，更要有将"学科材料"转化为"教学材料"的能力，教师教育课程是教师的立身之本，在形成教师的专业素养上有不可替代的作用。

不过，由于学科专业课程体系有很强的系统性、逻辑性，在以学科为中心的课程体系中，教师教育课程往往被"碎片化""边缘化"。因此，在当前及以后，教师教育课程改革的深化应进一步思考教师教育课程应如何培养教师专业素养。从既往的改革经验来看，有三条路径是我们正在努力的：一是将零散的教师教育课程整合为系列，在不同系列之间考虑功能上的分化和内部的灵活转化。在我们的调查中，不少教师教育机构都已经做了相当的努力，比如陕西师范大学在 2007 年推出的"4＋0.5（教育学理论学习及深入的学科专业学习）＋0.5（教育实践）＋1（教育理论研究和学位论文撰写与答辩）"模式。二是构建职前和在职贯通的课程体系，在这样课程体系设置中，能够比较全面地考虑职前和在职的差异和连贯，将"新手教师—合格教师—优秀教师—专家教师"视为一个持续发展的过程，使之形成既显示教育阶段性，又体现整体性的教育内容和课程体系。三是综合考虑教师教育课程和基础教育课程之间的呼应。随着课程改革的推进，中小学正在进行各种课程变革，这些课程之后隐藏的课程理念，都需要在教师教育课程中得到体现。

(四)教师教育课程结构的改革应从单一走向均衡，保证课程形态的多样性

历史经验表明，职前教师教育课程在不断突破既往单一的结构，不断尝试打破教育学、心理学和学科教学法"三分天下"的局面。随着 20 世纪 80 年代一系列政策的颁布，在高等师范和中等师范，都开始开设少量的选修课程，一部分教材教法被纳入选修课中，课外活动也被纳入课程结构中来，作为实习的一部分。到目前已经形成了少量必修课、大量选修课、多种活动课的结构，形成了有理论、实践、技能等多种课程的形态。

不过历史分析也表明，课程形态在多样化的同时，不能忽视其均衡化。根据 2005 年我们的调查，在教师教育课程中，也有强势学科和弱势学科，比例极不均衡。总体而言，教育学、心理学、教材教法、现代教育技术四门课就占了整个教师教育课程的 80％，其余的教师教育类必修或选修课所占不到20％。其中，学科教学法的学分均数在这四门课程中都是最高的，占总课程

的 20%以上。实践课程很薄弱,78.57%的学校都没有安排见习,而直接安排 4~6 周的实习。这种不均衡的结构就导致学生理论、概念的学习过多,实践能力比较薄弱,对自己实际的教学对象——学生——的理解不够深入。因此,近些年来,提升实践课程和研究类课程的比例成为各教师教育机构的努力方向。但是,其间如何均衡,不同类型的课程应该承担起怎样的责任,应分配多少的学时学分比例,仍需要进一步努力。

(五)教师教育课程内容的改革应综合考虑其对象、社会需求、学科发展和基础教育课程改革的需求

教师教育课程改革的经验表明,教师教育课程内容需要综合考虑多方因素:实施的对象、当前的社会需求、学科的进展以及基础教育课程改革的需求等,需要在上述因素之间寻求平衡。这一点在历史流变中体现尤为明显,任何不能兼顾、考虑多方因素的教学计划都会被淘汰。我们已经总结出的如下几点经验可资借鉴:第一,课程内容需要根据不同的对象有所区分。在 20 世纪 50~60 年代乃至到 80 年代期间,在职培训和职前培养最初并未有区分,在课程设置上都是采用"一视同仁"的方式,对教师的职业周期、阶段性的发展都未有深层的考虑。从 90 年代中期开始,师资培育者们逐渐开始意识到不同年龄和水平的教师应该拥有不同的课程设置和体系,不同类型的教师具有怎样的特征,知识结构如何,教师教育课程在内容上需要关注到这些比较根本的问题,既要保证课程内容的连贯性,又要有一定的区分。第二,课程内容需要不断更新,要同时体现最新的研究成果、基础教育课程改革、社会需求的变化。

三、对未来教师教育课程改革的展望

无疑,上述经验对于未来教师教育课程改革提供了重要的经验基础。然而,由于 60 多年来我国的教师培养并未脱离"师范教育"的渠道,所做的改进和努力都是在"师范教育"的框架下的小修小补,没有跳出师范教育站在"教师教育"这个更开阔的视野来审视我们的教师教育课程。因此,未来教师教育课程改革首先要确立"教师教育"的观念。除此之外,还需要重点关注比较突出的三大问题。

(一)需要加强教师教育课程改革的依据

从历次教师教育课程改革的实际情况来看，教师教育课程改革的依据似显不足，需要加强。历次政策的出台，新的教学计划的产生虽然都有一些座谈、会议，但是作为我们幅员如此广阔、教育生态环境极为复杂的国家来说，这些依据就显得薄弱，存在比较强的"经验主义"和"试误"的模式。到底什么样的教师是我们国家和社会所需要的？适合我们国情的教师教育课程体系是怎样的？在历次课程改革中我们到底收获了哪些经验，又走了哪些弯路？这些问题在历次改革中都没有得到深入的探讨。

另外，政策上的不确定使得教师教育机构自身的改革也存在一定的盲目性，尤其是最近几年来，虽然我们时常会看到教师教育机构进行各种新的尝试，开设新的课程门类，删减一些课程内容，但是对于为什么要变革、为什么要增加、为什么要减少、课程之间是什么关系、在什么程度上增进了教师的专业素养、有什么依据来做这样的调整等问题缺乏深层的思考，让教师教育课程改革成为无源之水，流于形式上的新异，却没有看到教师素质的实质性的提高。对上述问题的持续追问和探讨在未来的教师教育课程改革中仍应该更进一步加强。

(二)需要厘清教师教育课程的专业定位

长期以来，由于对教师、教师教育、教师教育课程的认识的偏差，教师教育课程被认为是"鸡肋"，被定位为"公共课"，其对教师教育的专业素养的形成作用被忽视，课时、学分都被压缩到最低。从学分学时的比例上看，教师教育课程只占10%不到。美国教师教育是一种以综合性大学和文理学院为主体培养基础教育师资的开放型模式，不过师范生的教育专业训练(含教育理论和教育见习、实习)并未放松和忽视。教育专业课程开设了教育原理、教育哲学、教育史、初等或中等教育原理、比较教育、心理学、教育心理学、发展心理学、教育评价与测量、教材教法、视听教育等，这类课程占学习总时数的 1/3 左右，而教育实习又占全部课程总时数的 7%～8%。① 因此，教师教育课程在专业定位上仍需要进一步澄清，改变目前多数师范院校和设在综合类院校的教师教育机构仍保留的学科专业课程与教育专业课程简单混合设置的模式。

(三)需要更加关注教师教育课程的实施过程

在历次教师教育课程改革的过程中，教师教育机构实际的课程实施情况，很少得到关注，而课程实施的程度、效果往往是决定教师教育课程改革成效的关键因素。历次课程改革中有很多阻碍实施的因素，就教师教育者自身来说，存在观念守旧、教学方法单一、主要讲授教育理论知识等问题，而就教师教育机构来说，最大的障碍就是对教师教育课程的评价机制不健全，轻视教学工作。

因此，为了改革教师教育课程，一方面要努力推动教师教育机构的机制创新，提高教师教育课程的专业地位，创造多种研修机会，促进教师教育者的专业发展，运用多种途径，吸引优秀教师教育者直接参与教师教育课程的教学工作。另一方面要转变教师教育者的理念，倡导以自主、对话、研究为特征的教学文化，促进独立思考和自主学习，引导学习者主动建构自身的专业知识将是未来教师教育课程实施的重心。

---

① 刘捷. 教师职业专业化与我国师范教育[J]. 天津师范大学学报(社会科学版)，2001(2)：75-80.

第六章 我国教师教育课程现状分析与建议

为了使教师教育课程标准的研制更有事实依据，发现我国教师教育课程现状所存在的真实问题，以及教师教育工作者对教师教育课程的期望，专家工作组于 2006 年 1～6 月，通过文本分析、访谈与座谈、问卷调查的方式，对我国教师教育课程的现状进行了专题调研，并就调研的结果开展讨论。

一、研究所关注的问题

为更好地了解我国教师教育课程现状，专家工作组试图从以下问题入手，获取第一手资料：(1)不同背景的相关人士对教师教育课程的满意度如何？(2)不同背景的相关人士对教师教育课程的价值判断是怎样的？(3)我国当前教师教育课程现状如何？最突出的问题是什么？(4)当前师范毕业生最缺乏的专业素养是什么？(5)新教师教育课程应当优先关注的是什么？

专家工作组主要采用了以下方法获取资料：

(1)文本分析。我们通过各种途径收集了全国较具代表性的师范院校的教师培养方案，了解我国教师教育整体的培养模式情况、教师教育课程设置和实施情况。收集与研究了大量相关的研究报告或论著，并进行专题研究。

(2)座谈与访谈。分别在上海、浙江金华、重庆、吉林长春、江苏常州等地访谈了不同背景的专家，并与中小学校长、教研员、教师教育者一起开过 6 次座谈会，听取他们对教师教育课程的观点和情况的介绍。

(3)问卷调查。为了了解师范生、在职教师、教师管理者和教师教育研究者等人群对教师教育课程的满意程度以及他们对课程设置、课程实施的意见和建议,我们设计了教师教育课程调查问卷,样本遍布除西藏之外的全国各地,共发放 867 份,回收 504 份,其中有效问卷 482 份,被调查者的信息详见表 6-1。

表 6-1　被调查者的特征信息

身　份		毕 业 年 限		学习或工作的领域	
师范生	117 人	未毕业	117 人	幼儿教育	24 人
中小学幼儿园教师	194 人	1 年以下	30 人	小学教育	83 人
教育课程教师	30 人	1～3 年	71 人	中学教育	290 人
教师教育研究者	71 人	3～10 年	87 人	与这三者	
教师管理者	68 人	11～20 年	125 人	都有关系	85 人
		20 年以上	51 人		

(4)研究缺陷。尽管样本遍布除西藏外的全国各地,共回收有效问卷 482 份,但是样本数仍然太少,可能会存在相应的误差。在收集师范院校的培养方案时,本科院校的培养方案较完整,而中等师范层面的培养方案较少,所得数据可能会跟实际有一定出入。

二、现状结果不容乐观

(一)现行教师教育课程满意程度偏低

总体而言,被调查者对教师教育课程的满意程度偏低,且认为教师教育课程对教师专业素养的形成价值不大。

1. 不同人士对教师教育课程的满意程度

被调查者对教师教育课程持满意的仅仅占 8.7%,基本满意的占 29.7%,满意度偏低,详见图 6-1。

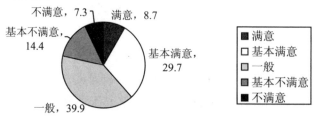

图 6-1　对教师教育课程的总体满意度百分比

其中，从事教师教育的教师和研究者对教师教育课程的满意度比师范生、中小学幼儿园教师和教师管理者的满意度低得多，详见图6-2。

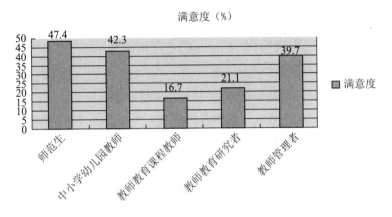

图6-2　对教师教育课程的满意度

此外，通过对被调查者对应的工作领域分析得知，幼儿教育领域的人员对教师教育课程的满意度最低，与小学、中学等领域的满意度呈显著差异，只有12.5％的基本满意。其次，与三个领域都有关系的人员，满意和基本满意只占22.7％。

2. 教师教育课程对教师专业素养形成的价值认识

总的来说，被调查者认为教师教育课程对教师专业素养的形成价值不大。从不同工作领域看，与幼儿、小学、中学三个教育领域都有关系人员认为有价值的比率最低（28.6％）。幼儿园教育领域认为有价值的比率略高于前者（33.3％），但是有62.5％的人表示价值一般。认为比较有价值的是中小学教育领域的人员（46.9％、45.6％）。

在对教师教育课程价值的判断中，除了承担教师教育的教师认为教师教育课程对自己的专业素养的形成价值不大以外（20％），师范生、中小学幼儿园教师、教师教育研究者和教师管理者认为对自己专业素养形成有价值的都在40％以上。

从毕业年数看，认为比较有价值比例较高的是师范生、毕业1～3年的教师，毕业1年以内的比例最高，为62.1％，最低的是毕业3～10年的教师，只有29.8％的人认为有价值，11～20年与20年以上的比例差别不大，略高于前者。

(二)教师教育课程中存在的最突出的问题

教师教育课程中存在的最突出的问题主要包括：教师教育的课程开设有失规范，比较混乱或随意，课程类型过于单一，教育实践课程太过薄弱，总课时数和学分不足，教育类地位不高，教与学的方式过于单一，知识陈旧与脱离实际，任课教师素质不高，等等。

1. 教师教育的培养模式及其教学计划的统计分析

我们搜集了全国 25 所幼儿教师教育机构，22 所小学教师教育机构和 17 所中学教师教育机构等各种完整的培养模式的教学计划(实际收集的有 100 多所的材料，但有些信息不完整)，梳理出每一类培养模式的学分现状，详见表 6-2。

表 6-2　不同教师培养模式中教育类课程的学分情况

		总学分数均值	教育类课程学分总数均值	教育类课程中学科类必修学分数均值	教育实践课程周数均值
幼儿	三年制专科	137	69.5	61	9.2
	五年制专科	260	101.4	89	11.7
	四年制本科	156	64	61	10.4
小学	三年制专科	131	30.1	23.4	8.8
	五年制专科	260	36	30	9.5
	四年制本科	155	36.1	30.3	11.6
中学	三年制专科	127	10.8	8.2	7
	四年制本科	164	15.3	11.2	7.1

说明：(1)此处学分均不含见习、实习的学分。(2)教育课程总学分均为必修学分，且含教育技术、书法、口语等技能课程学分。(3)五年制学校的学分是按课时折算来的，故为约数。(4)教育实践课程周数包括教育见习、实习或/和研习。

从各学校的教学计划来看，教育类课程结构呈现出以下几个问题。

第一，教师教育课程开设有失规范，比较混乱或随意。主要表现在：一是学校之间课时数相差很大，在幼儿园教师三年制培养模式中，总课时数最高的重庆师范大学高职专科学校，为4 052课时，最低的宁夏大学只有1 427课时。二是学分规定不统一，有的实习一周计1学分，有的见习4周计1学分(海南师大)，有的见习6周、实习8周计7学分(天津师大)，有的实习6周计8学分(福建闽江学院)等，而且各校的学时兑换学分标准也不统一。

第二，课程类型过于单一。从各校教学计划的统计结果以及相关的访谈结果来看，开设的教师教育课程绝大部分都是以"学科"命名的，缺乏统整和灵活性；几乎是必修课程一统天下，如在上述重点分析的64所学校中，有4所学校没有选修课，有9所学校没有教育类选修课。教育学、心理学、学科教学法"老三门"和教育技术仍然是当下教育类课程中的主要组成部分。

第三，教育实践课程太过薄弱。即使把见习时间和实习时间加起来，各类培养模式中的教育实践周数都不超过12周。在具体的教育实践过程中，准备和总结会占用一部分时间，而且，往往多个实习生被安排在同一个班，学生有时又被要求做一些与课堂教学和班级管理无关的事情，因此，很难给学生提供足够的实践经验和实践反思及补救的机会。中学教师培养的7周的教育实践则更难保证。

2. 教师教育课程问题的文献统计分析

我们收集了与教师教育课程问题相关的论文、调查报告和著作近70篇(种)，根据权威性、原创性、全面性等标准，从中选取了8篇具有代表性的论文或著作进行归类①，发现教师教育课程主要存在以下九个方面的问题(见表6-3)。

---

① 参见袁贵仁. 树立以学生为本观念，加强课程综合化建设，教育部研究推进教师教育课程改革[N]. 中国教育报，2005-10-12(1)；管培俊. 为全面建设小康社会准备高素质教师[J]. 人民教育，2003(17)：2-7；钟秉林. 高等教育创新与教师教育和师范院校的转型[J]. 中国大学教学，2004(1)：15-16；钟启泉，胡惠闵. 我国教师教育课程标准的建构[J]. 全球教育展望，2005(1)：15-16；李其龙，陈永明. 教师教育课程的国际比较[M]. 北京：教育科学出版社，2002：195-197；湖南师范大学课题组. 教师教育课程标准：设计与实施[J]. 湖南师范大学教育科学学报，2005(5)：23-28；万明钢. 教师教育课程体系研究——以师范大学教育学院教师教育课程体系建构为例[J]. 课程·教材·教法，2005(7)：83-87；王坤庆. 试论我国高等师范教育类课程结构改革[J]. 课程·教材·教法，2000(9)：52-54.

表6-3 教师教育课程问题一览表

	袁贵仁 2005	管培俊 2003	钟秉林 2004	钟启泉 胡惠闵 2005	李其龙 陈永明 2002	湖南师范 大学课题 组2005	万明钢 2005	王坤庆 2000
A 总课时、学分不足					√	√	√	
B 教育类课程地位不高				√			√	
C 没有关注专业信念与责任						√		√
D 课程结构过于简单	√	√	√	√	√			
E 教与学方式过于单一	√			√	√	√		
F 知识陈旧与脱离实际	√	√	√	√	√	√		
G 实践性课程薄弱	√	√		√	√	√		
H 专业技能课程欠重视		√			√			
I 任教教师素质不太高		√						√

3. 不同阶段教师教育课程最突出的三大问题

我们按照文献反映的教师教育课程存在的九个主要问题，请被调查者按照自己熟悉的领域选出教师教育课程在不同阶段中存在的最突出的三个问题。统计结果见表6-4。

表6-4 不同阶段教师培养教育类课程的三大突出问题

幼儿教师培养	C 没有关注专业信念与责任	E 教与学方式过于单一	G 实践性课程薄弱
小学教师培养	E 教与学方式过于单一	F 知识陈旧与脱离实际	G 实践性课程薄弱
中学教师培养	E 教与学方式过于单一	F 知识陈旧与脱离实际	G 实践性课程薄弱

(三)教师专业素养的缺陷表现在哪些方面

教师专业素养的缺陷主要集中在"具有正确的学生观""具有正确的教师观""具有正确的教育观""理解学生及学习的知识""具有教育学生的知识与技能""具有支持学生学习的知识与技能""感受学校(幼儿园)教育的实践""亲历学校(幼儿园)教育的实践""具有反思性实践的体验"等方面。但是，不同的调查者对"教师教育课程对专业素养的影响"有不同的看法。

1. 关于教师专业素养结构

我们收集了100多篇论述教师专业素养或教师专业化的论文、调查报告和著作，按照权威性、原创性、全面性的标准，从中挑选出 9 篇有代表性的论文和著作进行归类①，归纳出教师专业素养大致结构，见表 6-5。

表 6-5 教师专业素养一览表

	教育部师范教育司 2003	马立 2005	袁振国 2004	顾明远 2004	钟启泉 2001	叶澜 2000	张传燧 2000	崔允漷等 2000	郑金洲 2002
具有正确的学生观		√	√	√		√		√	√
具有正确的教师观		√			√		√		√
具有正确的教育观		√	√	√	√	√	√	√	√
理解学生及学习的知识	√								
具有教育学生的知识与技能	√	√	√	√	√	√	√	√	
具有支持学生学习的知识与技能	√	√		√		√	√		
感受学校（幼儿园）教育的实践	√			√					
亲历学校（幼儿园）教育的实践				√					√
具有反思性实践的体验	√	√		√	√	√	√	√	√

---

① 参见顾明远. 教师的职业特点与教师专业化[J]. 教师教育研究，2004(6)：3-6；叶澜. 未来教师的新形象[J]. 上海教育科研，2000(2)；王坤庆. 试论我国高等师范教育类课程结构改革[J]. 课程·教材·教法，2000(9)：52-54；崔允漷，王建军. 新世纪师范大学的使命[J]. 华东师范大学学报(教育科学版)，2000(3)：39-46；李其龙，陈永明. 教师教育课程的国际比较[M]. 北京：教育科学出版社，2002：195-197；郑金洲. 教师角色的转变与校本培训[J]. 天津师范大学学报(基础教育版)，2002(3)；湖南师范大学课题组. 教师教育课程标准：设计与实施[J]. 湖南师范大学教育科学学报，2005(5)：23-28；张传燧. 教师的类型及其素质培养探析[J]. 高等师范教育研究，2000(6)；万明钢. 教师教育课程体系研究——以师范大学教育学院教师教育课程体系建构为例[J]. 课程·教材·教法，2005(7)：83-87.

2. 教师教育课程对教师专业素养的影响

就教师教育课程对专业素养的作用而言，被调查者对师范生表现较好的专业素养与对所学教育课程对自己的专业素养的作用判断高度一致，分别是正确的学生观、教师观、教育观，教育学生的知识技能和理解学生及其学习的技能，但不同的调查者回答教师教育课程对专业素养的影响的方面是不同的，见表6-6。

表6-6　教师教育课程对不同身份人员专业素养的影响

身　份	教师教育课程影响到哪些方面的专业素养
师范生	具有正确的教师观、感受学校教育实践、亲历学校教育实践、具有反思性实践的体验
中小学教师	教育学生的知识技能、支持学生学习的知识和技能、感受学校教育实践、反思性实践的体验
教育课程教师	正确的学生观、正确的教育观、亲历学校教育实践、具有教育学生的知识和技能
教师教育研究者	正确的学生观、正确的教师观、正确的教育观、理解学生及其学习的知识
教师管理者	正确的学生观、正确的教师观、正确的教育观、教育学生的知识和技能

3. 师范生在专业素养的哪些方面存在缺陷

我们按照文献整理出的项目让被调查者判断师范生在哪些方面表现比较差。被调查者普遍反映师范生在"具有正确的教育观""具有支持学生学习的知识和技能""亲历学校教育的实践"和"具有反思性实践的体验"等方面的专业素养缺乏，表现较差。另外，在访谈中还获知师范生在班级管理、与家长和社区联系等方面能力不强。

(四)新的教师教育课程应该优先关注什么

我们请被调查者就"新的教师教育课程应该优先关注什么"提出他们的看法，结果如下：

1. 新教师教育课程需要优先解决的问题

被调查者一致认为，新的教师教育课程应需要优先解决好目前的课程"没有关注专业信念和责任""教与学的方式过于单一""知识陈旧与脱离实际"和"实践性课程薄弱"等问题。

2. 新教师教育课程需要优先关注的素养

被调查者认为，新的教师教育课程必须优先关注使学生"具有正确的教育观""具有支持学生学习的知识与技能""亲历学校教育的实践""具有反思性实践的体验"等方面的专业素养的形成。

3. 新教师教育课程中最想学的课程内容

经过与教师教育课程标准研制组的讨论，我们在问卷中提供了"儿童发展""儿童学习""学科课程标准研究""学校教育发展"和"学校、家庭与社区"等19门模块课程，让被调查者从中选出6门最想学的课程。统计结果表明，普遍认为"儿童发展""课程设计与评价""有效教学""班级管理""教师专业技能""现代教育技术""教师专业发展"7门课程最重要（后两门比例一样）。

另外，80%以上的被调查者认为，根据上述19门模块课程编制具体的课程方案是可行的，这样的课程框架适合培养教师专业素养的需要，也能关注到教师教育课程中存在的大部分问题。

4. 新教师教育课程应强调教育实践课程

从对关于教育实践课程的开放题的结果分析来看，被调查者一致认为，应该加强目前的教育实践课程。主要建议有三条：一是延长教育实践的时间。"适当延长，可让师范生多方面了解教师这项工作所需涉及的范围"，"教育实践在短时间内起不到良好的效果"，"时间可增长些，因为教师作为一门专业，理论更需与实践结合，才能体悟更深，其他专业如医生实习一般都是1年"。二是教育实践应分散进行。"教育实习最好分两次进行"，"教育见习、实习应该贯穿整个大学学习生活，实习时间应提前至大一、大二进行，因为有补救的时间"，"见习、实习最好分散一些，不要太过集中，不同时期体验不同"，"还可以在平时的学习中多增加见习的机会"等。三是增强教育实践的反思性。"教育实践要使学习者有充分时间感受、学习、模仿和思考"，"教育学生要在实践中不断反思，在反思中不断学习"。

三、基于现状分析的改革建议

(一)教师教育课程的满意程度偏低，改革势在必行

从总体上说，我国中小学教师培养正在从数量满足型向质量提高型转变，特别是新一轮的基础教育课程改革的深入和新课程标准的实施，对中小学教师专业素养提出了严峻的挑战。面对教师教育的重要使命，我国现行的教师教育课程却难以满足现实的需要，人们对它的满意程度和价值程度判断偏低。教师教育课程在大部分学校都是当作公共课与政治、英语、体育等一起开设，脱离学生需要，脱离学术前沿，脱离基础教育改革。本应该是教师职业必备的教师教育课程被师范生和教师教育课程教师等认为是无用的或浪费时间，学习这类课程只是为了考试，考完即忘。要真正发挥教师教育课程对未来教师的培养作用，必须对现行的教师教育课程进行改革。

(二)现行教师教育课程有失规范，亟须国家标准

教师教育机构对教师教育课程的开设比较随意，课时数相差极大，学分规定不一致；教师教育课程总体结构过于简单，开设的课程基本上是以必修的、学科化的形式出现，以"老三门"为主，师范生缺乏选择，课程内容缺乏统整，知识陈旧、脱离实际；加上教师教育课程实施中教学形式以抽象的讲授为主，任教教师素质总体来说不高，实践性课程薄弱，也没有关注专业信念与责任，导致教师教育课程在实施中缺乏应有效果。因此，当下应尽快建立教师教育课程标准，它是实现教师教育目标的基本保证。教师教育课程标准要提供教师教育机构设置课程的基本框架、内容范围和使用方法及其要求，要对教师教育课程科目、课程结构及课程水平等作出纲领性的规定，各师范院校的教师教育课程安排必须以教师教育课程标准的规定为依据。

(三)教师教育课程的改革应以"专业发展"为灵魂

现行教师教育课程虽然对师范生的学生观、教师观、教育观和理解学生的知识技能等理论层面的素养形成有一定的作用，但师范生在"具有支持学生

学习的知识和技能""亲历学校教育的实践"和"具有反思性实践的体验"等方面的素养缺乏。整体上，现行教师教育课程对未来教师的专业素养没能起到应有的作用。

教师教育课程应以促进教师的专业发展为灵魂，即"教师应对学生及其学习负责；教师应该了解所教的学科，并明确如何向学生传授该学科的知识；教师应该承担起管理与监控学生学习的职责；教师应该对自身的实践进行系统反思并能从经验中吸取有益之处；教师应是学习共同体的成员"。教师教育课程只有以上述专业发展为核心，才能关照儿童的生活和幸福，最后实现"教师还是一种值得为之奋斗、做出牺牲，而且是能成就个人的专业理想"。

第七章　教师教育课程的基本理念

　　教师专业发展是教师教育课程的核心价值追求，为了保证这一价值追求的实现，教师教育课程必须秉持三个基本理念：育人为本、实践取向与终身学习。这些基本理念的本质内涵是什么？教师教育课程为何要以此为理念？课程设计与实施中应如何体现这三个理念？本章试图对这些问题进行阐释。

一、育人为本

　　教师的专业是育人的专业，教师专业发展体现在专业信念、专业知识与能力和专业实践的发展上，而这些发展最终要落到教师育人能力的提升上。旨在为教师专业发展提供支持的教师教育课程就必须引导教师深刻认识"育人"是自己的职责所在，要"目中有人"，以"育人"为提升自己专业水平的出发点，将学生的发展作为自己专业实践的终极追求。

　　新中国成立以来，我国的教师教育课程虽几经改革、调整，但内容、体例没有发生根本性的改变，基本上以教育学、心理学、教学法（"老三门"）为主体，以学科体系性和逻辑性为特征，强调教育理论知识的完整性和系统性。尤其需要指出的是，长期作为我国教育领域的主流学说的凯洛夫教育学，本身是一个围绕"客观知识"授受而组织的体系。这种体系强调教师的绝对权威，否定学习者的主观能动性，将课程等同于教学内容，将教学内容窄化为教材，把教材窄化为知识点，最终把教学窄化为现成知识点的授受。① 其中，学科知识具有真理性，教师是知识的传授者，是真理的化身，学生的任务就是理解、接受教师所传授的知识。因此，教育教学理论强调的是教师如何传授"客观知识"，而忽视了对学生本身、对学生如何学习的研究。可以说，以往的教师教育课程缺乏对儿童和儿童学习的关注，即所谓的"只见知识不见人"，学习者学过这些课程后，不会在真实的儿童世界中观察儿童、理解儿童、研究儿童、教育儿童。《标准》"育人为本"的理念，就是针对现行教师教育课程中"儿童缺失"的现实而提出的。

教师的职责是育人，而无论何种教育影响，归根结底只有通过儿童自身的选择与建构，才有可能真正形成儿童发展的现实。如果教师不研究儿童，不了解儿童如何建构知识、产生观念，也就不能施加适切的教育影响，不可能实现真正有效的教育。这是一个常识。我国基础教育课程改革倡导"为了每一位学生的发展"的理念，让这一实践中经常模糊的常识得以明晰，其出发点和归宿就是：尊重儿童、理解儿童、关心儿童。尊重儿童意味着认同每一位儿童独特的价值，认可儿童阶段特有的内在发展力量和发展可能性，认可儿童应享有的权利，特别是健康生活、愉快学习和探究世界的权利；理解儿童、关心儿童意味着敏锐地意识到儿童的需要并提供最适切的帮助，倾听儿童、关爱每一位儿童，让他们健康、快乐地学习和成长。基础教育"儿童本位"的课程发展观，也必然要求培养教师的教育课程顺应改革潮流，实现"儿童为本"的价值转向。

可以说，尊重儿童、了解儿童、研究儿童，树立正确的儿童观，是教师教育课程中最根本的内容。教师教育课程要从关注概念、原理转向关注儿童和儿童的学习——了解儿童的身心发展特点，关注儿童是如何学习的，探讨如何帮助儿童实现有意义的学习，研究儿童如何学习，如何建构知识、发展技能，为每一个儿童提供适切的帮助；在这个过程中，教师树立正确的儿童

---

① 王艳玲. 儿童本位：中国课程发展的转型——钟启泉教授访谈[J]. 基础教育课程，2010(1)：13-20.

观、教师观、学习观、教育观，掌握必备的教育知识与能力，培养专业情操。这正是教师教育课程的核心内容。

教师教育课程要实现这样一种转向，就意味着要调整课程结构、完善课程内容、改革课程实施方式。具体而言，在课程结构上，要进一步丰富课程门类，增加儿童身心发展、儿童学习等方面的课程；在课程内容上，要结合当前幼儿园、中小学学生学习和生活中的现实问题，以问题或主题为中心来组织课程内容；在课程实施上，要增加教师与儿童打交道的机会和经历，采用多种途径丰富教师的专业体验，帮助教师将理论学习和现实的儿童发展需求联系起来，培养责任感、创新精神和实践能力。

二、实践取向

教师的专业是实践的专业，教师的专业发展必须落实到教师"育人实践"能力提升上。教师教育课程必须体现对实践的关照，发展教师的实践能力和实践反思能力，帮助教师建构实践性知识。教学不是一门理论性学问，教师的工作、教师的发展不是掌握理论并将理论应用于实践的过程。教师的实践是复杂教育情境中的问题解决过程，教育情境的流动性、多变性决定了对所有教师都有效的教育原理与技术是不存在的，教师的教学依赖的是一种明显有别于科学或技术知识的特殊类型的知识——实践性知识，它融合了教育理论知识和教育实践经验，以及教师的情感、态度、价值观，等等。正是这样一种知识支撑并主导着教师的教学行为。教师的实践性知识与"理论性知识"在性质上存在着差异。它以个人的直接经验为基础，在长期与教育情境互动过程中产生；它不是脱离具体情境的"抽象"知识，而是依存于特定情境的。教师的实践性知识因与实践高度融合而在教师的教学活动中发挥着重要作用。近年来，教师实践性知识在增强教师专业特性、改善教师教育和促进教师专业发展方面具有的重要作用越来越为研究者所认识，越来越多的研究者在强调实践性知识对教师教学实践的支配作用时，都倾向于将它看作是教师专业发展的知识基础。① 实践性知识向人们展示了专业实践的复杂性，强调关注教师专业知识的形成、转化过程，突出了教师知识形成中实践参与的重要意义。而且，认可教师是自身实践性知识的主动建构者，这在本质上也提高了教师在专业教育和专业发展中的主体性。

当然，强调实践性知识并非否定理论性知识的价值，或者说后者不重要。理论性知识是实践性知识的来源和养料，只不过它们需要在真实的实践过程中整合，经由一定的转化过程。这也意味着，单纯强调实践技能训练，与单纯强调理论性知识一样，都是站不住脚的。尽管理论难以"直接"指导实践或应用于实践，但离开理论检视与省察的实践是盲目的。理想的情形是通过实践来整合理论性知识与实践性知识。教育理论的作用更多的不是指导实践，而是批判实践、提升实践水平；教师教育应帮助教师借助教育理论来理解、检验和批判性地反思自己的实践性知识，从而改组或改造原有的认知。

首先，教师教育课程应强化实践意识，关注现实问题。教育专业本质上是一个实践的专业，教师教育课程自然要体现对教育实践的关照，要根据基础教育发展的现状，尤其是教育发展对教师素质的要求，从教育现实问题出发来选择和组织教师教育课程的内容；要将当前教育改革和教师发展中的热点、难点问题纳入教师教育课程，要尽可能在各门教师教育课程中设计实践任务和作业，将实践体验作为一种学习方式整合到课程实施中；要努力创设情境化的学习经历，通过自传、日志、案例教学、行动研究等方式，帮助课程学习者在具体情境中丰富和发展他们的实践性知识；要引导教师发现和解决实际问题，创新教育教学模式，形成个人的教学风格和实践智慧。

其次，加强实践性课程，提高实践性课程的实效。当前在理论界，学者们对加强教师教育的实践性课程（如要延长实习时间）已达成共识。事实上，延长教育实践时间只是一个方面，更重要的是要加强理论学习与实践现场的关联。对于职前培养而言，实践性课程应该是内容多样的系列设计，应交叉、

---

① 陈向明. 实践性知识：教师专业发展的知识基础[J]. 北京大学教育评论，2003(1)：104-112.

贯穿于从入学到毕业的全过程，同时，应加强对教育见习、实习的指导、管理与评价，及时总结和研讨教育实践中获得的经验和发现的问题。而对于在职教师而言，则应该重视教育经验的价值，设计问题指向的培训内容，提倡不脱离工作情境的研修与培训。同时，职前职后的理论课教学中要与中小学课堂实践紧密结合，强调在情境中学习，从案例中学习，在具体情境中丰富和建构理论；倡导案例教学、对话教学、合作学习等多种教与学的方式，在教学过程中引导学习者批判质疑、专题探究，发挥教师教育的示范性。

再次，教师教育课程要帮助教师建构实践性知识，教师的实践依赖的是实践性知识。一方面，教师的实践性知识来源于对实践活动的认识、审察与反思；另一方面，教师也基于实践情境重新解读理论、概念与原理，从而批判、检视与发展自身的认识方式和行动框架。因此，教师教育课程不应是理论知识的讲授与记忆，也不应是单纯的实践技能训练，而应该是在理论学习与实践体验的交叉互动中帮助教师建构实践性知识。理论性课程的教学要重视从学生已有的知识经验和教学实际出发，选择典型的案例，在创设的情境中，结合鲜活的实践，引导学生积极参与到学习活动中，尽可能使教师的学习过程成为一系列的问题解决过程；要创设条件使教师有机会到实践中去观察实践、验证理论，以及有机会在理论性课程上解决实践中发现的问题；要将行动研究、叙事探究、案例研究等活动引入教师教育课程中，激发学习者的参与，并重视培养学习者的反思意识与能力。

最后，教师教育课程应引导教师参与和研究基础教育改革，主动建构教育知识，发展实践能力。教师的实践在本质上是一种探究。教师身处复杂的实践情境中，他们凭借自身的实践性知识，采取灵活的行动。其中，教师始终处于唐纳德·A·舍恩所言的"行动中反思"的过程中：教师要根据课堂教学情境不断地调整思路与行为，从而作出决定、采取行动并最终达成教学目标。因此，教师教育课程应该体现这样一种探究的取向，引导教师参与教育改革，研究实践问题。教师教育课程要培养教师成为自身实践的研究者(探究者)，自觉参与到教学研究中并成为研究的主体；要引导教师在自己的教学中发现问题、研究问题、解决问题，以研究者的心态置身于教学情境中，以研究者的眼光审视和分析教学理论与教学实践中的各种问题，对自身的行为进行反思，对出现的问题进行探究，不断改善自己的实践，使自己的教育教学观念和行为更合理、有效。教师通过反思与探究，逐步养成研究自身实践的习惯，不断改进教育教学行为。与专门的研究人员不同，教师的探究是一种不脱离实践情境的、动态的探究，探究的目的是改善他们的实践。

三、终身学习

教师的专业是一个需要不断学习的专业，教师专业发展必须伴随着教师的整个职业生涯，是一个终身学习的过程。教师教育课程必须引导教师树立终身学习的观念，为教师终身的专业发展提供知识基础，发展教师终身可持续发展的能力。《学会生存》指出：现代社会，每个人都是一个"未完成的人"，人永远不会变成一个成人，他的生存是一个无止境的完善过程和学习过程。[①]在这样一个社会中，"为一个职业一劳永逸地做好准备"的信念已在根本上崩溃了。实际上，教师的发展至少要经过职前教育、入职教育和在职教育三个阶段，而教师进行教育教学实践所必需的能力绝大多数是在其专业实践中发展起来的。师范教育只是为教师的专业发展奠基的阶段，不能完成对教师培养，教师只有在专业实践中不断学习才能达到专业成熟的水平。

教师教育课程倡导"终身学习"的理念，即期望能为教师的终身专业发展提供支持。首先，教师教育课程应当致力于让教师认识专业发展是一个持续终身的过程，树立终身学习、终身发展的观念。其次，教师教育课程应当精选对教师专业发展有终身价值的内容，为教师的专业发展提供知识基础。而相对于知识而言，对于专业发展更为重要的是教师的批判反思能力，因而教师教育课程应当高度关注教师批判性反思能力的养成。最后，教师教育课程也应当推动教师通过共同体的合作学习和自主探究实现专业发展，致力于让教师获得专业发展的方法和策略。

---

① 联合国教科文组织国际教育发展委员会. 学会生存——教育世界的今天和明天[M]. 上海：上海译文出版社，1979：196.

为贯彻这一理念，需要特别重视以下两个方面内容：

第一，依据教师专业发展全程规划教师教育课程，实现职前教育和在职教育课程的一体化。

2001 年 6 月，国务院召开全国基础教育工作会议，发布《国务院关于基础教育改革与发展的决定》，正式以"教师教育"的概念取代"师范教育"。① "教师教育"取代"师范教育"，不仅隐含了教师终身发展的观念，同样隐含了教师职前教育和在职教育一体化的观念。"教师教育课程"作为一个整体概念意指一个课程体系，这个课程体系由纵横两个维度构成。其横向维度由教师教育课程的各个领域构成，即涉及教师专业知能的方方面面，纵向维度则由职前教育、入职教育和在职教育三个不同发展阶段的发展特点和发展需求决定，即涉及教师专业发展不同阶段的不同知能要求。换言之，"教师教育课程"的概念本身就体现了课程一体化的要求。

"终身学习"的理念意味着要把教师职前培养与在职培训看成是相互联系的过程，要着眼于教师职业生涯各个阶段的专业发展，强化教师职前培养和在职培训课程的连贯性。具体地说，要根据教师专业发展不同阶段的特点，对教师的职前培养、入职教育和在职培训课程进行整体规划，建立起各阶段相互贯通又各有侧重的教师教育课程体系。必须整体设计教师的职前培养和在职培训课程，以求教师在变化的教学实践中能够持续性地提高素质。而要实现教师教育课程的一体化，首要的就是推进教师教育机构内部的教师教育一体化课程体系的建设。目前，多数教师教育机构尤其是高等院校同时承担着教师职前培养和在职培训的任务，拿教师职前教育的内容来实施教师培训的现象并不鲜见，用本应针对在职教师的专题直接面向师范生进行教学的做法也时有发生。教师教育机构必须强化教师教育课程一体化的建设，在关注内容的延续性的同时，考虑不同阶段的发展目标和学习者的需求，处理好不同阶段教师教育课程的内容层次及相互关系，避免内容雷同、重复学习的现象。专门的教师培训机构在开发、实施相关的教师培训课程时，要高度关注

---

① 马啸风. 中国师范教育史[M]. 北京：首都师范大学出版社，2003：58.

教师学员的实践需求，也应当充分了解教师培养机构的课程体系和内容框架，充分认识教师学员已有的知识基础，并在此基础之上进行拓展、延伸或者操作化。

第二，深化教师教育课程教学改革，重点发展教师的批判性思考能力。

在职前教育阶段，教师教育课程的实施者经常有追求学科逻辑体系完整性的倾向，所以经常过于关注教师教育课程的理论维度，甚至将教师教育课程的目标窄化为知识目标，强调知识的记忆；尽管职前教育阶段的学生在其学习经历中与教师的专业实践有亲密接触，但明显缺乏对教师专业实践的切身体会，因而也经常以学习知识的方式来学习教师教育课程。而处于在职教育阶段，教师教育课程的实施者高度关注教育教学实践，却有与在职教师趋同的倾向，强调应用操作，而不关注应用操作背后深层的理念和原理。虽然学习者掌握大量的教育教学理论或知识，但如果无法将理论或知识转化为自己的专业实践，就并不足以保证学习者成为一个好教师，甚至不能保证他成为一个合格教师。会操作能够让一个教师在课堂中生存下来，但无法保证他的发展和进步，只能让他陷于实践的沼泽之中，进行着低水平的实践重复。简言之，对于教师的终身发展，知识掌握和实践的重复都不是关键所在，关键所在是教师的批判性思考能力。

无论是教师职前教育还是在职教育，批判性思考能力的培养都应当是一个核心目标。职前教育阶段教师教育课程实施可能关注理论，但绝不能将理论当做确定的客观的绝对真理来传授。课程实施过程中一定要引入师范生已有的关于教育的个人经验，让他们学习运用个人经验来理解理论、审视理论，提出自己的问题，质疑理论，或者以所学理论为视角审视原有的教育观念，挑战已有的教育信念，质疑常规的教学实践。一定要让理论指向于他们未来的专业实践，通过与实践的直接或间接的接触，运用各种形式的案例，让他们理解教育教学实践的情境性，理解理论的情境性本质，学会运用不同的理论来分析教育实践情境，学会依据教育情境来选择方法、策略等原理知识。

在职教师通常偏好于实践操作，因此在职教育阶段的教师教育课程实施需要特别关注实践。教师教育课程关注实践没有错，相反这种关注是教师教育课程"实践取向"理念的要求。但对实践的关注并不是要囿于实践操作,只关注做的层面。教师教育课程的目标是促进教师的专业发展,一方面,要让教师学会从不同的视角来审视实践,发现实践背后隐含的信念或理论,使之外显化,并加以挑战和质疑,从而实现实践的改进;另一方面,教师教育课程也要让在职教师跳出实践,摆脱个人化的经验的束缚,尝试从更高的高度审视实践,从中发现实践中共通的东西,创新教育教学专业知识,丰富专业知识基础。

为此,教师教育课程的实施不能只关注知识的授受,也不能局限于实践技能的重复训练。教师教育课程的实施必须以学习者为主体,创设情境让学习者在共同体中通过探究解决问题,采用案例教学、现场教学、经验分享、研讨等方式,使教师教育课程实施成为学习者主动地建构知识、探究问题和反思实践的过程。只有当学习者发展了他们的批判性思考能力,并将之应用于日常的专业实践之中,其作为教师的终身发展才有可能成为现实。

第八章 职前教师教育课程目标框架

目标既是课程的出发点，又是课程的归宿。职前教师教育课程目标是《教师教育课程标准（试行）》的重要组成部分，它既是理想教师形象的具体化呈现，又是教师教育课程内容的选择与组织、实施与评价的直接依据。职前教师教育课程目标从纵向上按幼儿园、小学、中学职前教师教育三类不同学段来设计，从横向上按教育信念与责任、知识与能力、实践与体验三个不同维度来呈现，完整地构成了一个相应的目标体系。

一、制定职前教师教育课程目标的依据

职前教师教育课程目标制定最直接的依据是理想教师的形象及其体现出的教师专业标准。此外，社会文化的发展、基础教育的改革，以及教师所面对的不同阶段学生的发展水平与学习方式的差异等情况，都是制定课程目标需要考虑的因素。

（一）社会与教育变革的要求

社会经济和文化的高速发展，对教师的素质要求提出了一系列新的挑战。经济全球化的扩张、信息技术的变革、学生的日益多样化等，这些深刻的变化都极大地提高了教师劳动的复杂程度和创造性质。为了顺应这种变革，《国家中长期教育改革和发展规划纲要（2010－2020 年）》提出，要"严格教师资质，提升教师素质，努力造就一支师德高尚、业务精湛、结构合理、充满活力的

高素质专业化教师队伍",并强调要"加强师德建设"和"提高教师业务水平"。① 从更直接的角度来看,基础教育课程改革也迫切地需要教师教育为新课程的实施培养具有高度执行力的教师。可见,当前社会与教育的变革要求教师教育培养师德高尚、业务精湛、实践能力强的教师。

(二)对"教师专业"的理解

对"教师专业"的理解,经过几十年的研究与发展已经基本形成共识。20世纪80年代以来,为提高教师的专业化水平,各国纷纷制定教师专业标准等相关文件。通过比较研究,我们发现,各国教师专业标准及相关文件的框架与范畴具有高度的一致性:在标准的范畴划分上基本可以归纳为专业知识(应知)、专业技能/实践(会做)和专业品质(愿持)三大部分。② 专业知识(应知)即教师应知自己所授学科的基本概念、原则以及学科结构;应知本学科和其他学科的相互联系,知道如何有效地教授学科内容;能清楚地知道学生是如何学习的,知道怎样促进学生的学习;能了解学生的不同社会、文化背景,并且知道自己该如何影响学生的学习等。专业技能(会做)即教师必须具备相关的教学技能和教学策略;能制定合理的教学计划、有效地实施教学,并对学生的学习进行有效的评价;擅长组织管理学生行为和营造良好的学习环境等。这些共识的达成为我们理解并确定教师专业的核心要素提供了专业支撑。

专业品质(愿持)即教师需具有高尚的专业道德情操,能够尊重学生并重视学生的多样性;能与家长、同事和社区密切联系、共同努力、积极有效地合作;能够理解自身工作的复杂性和情境性;能够致力于自身的专业发展,合理地分析、评价并且提高自身的专业实践。

(三)教育对象的发展特征

教师的工作对象是儿童。儿童处在不断的发展中,由于他们在幼儿园、

---

① 国家中长期教育改革和发展规划纲要(2010-2020). [EB/OL]. [2012-03-04]. http://www.gov.cn/jrzg/2010-07-29/content_1667143.htm.

② 周文叶,崔允漷. 何为教师之专业:教师专业标准比较的视角[J]. 全球教育展望,2012(4):31-37.

小学和中学的发展水平与学习方式等都具有一定的阶段性和差异性，各个阶段的教育重点也不一样，因此对每一阶段的教师专业要求也有差异。

相对而言，幼儿生活经验少，独立生活能力较差，身心发展水平较低，对成人的依赖性很强。幼儿的思维以具体形象为主，感知觉在幼儿的认知活动中占据重要地位，他们的注意以无意注意为主，注意的有意性、稳定性差。游戏是幼儿阶段的主导活动，幼儿主要通过其身体的活动，运用各种感官和肌肉的运动，直接接触周围世界，在与环境的相互作用中以游戏的方式来探究、理解、体验周围世界。相应地，幼儿教育具有如下特点：首先，幼儿教育机构除了和其他教育机构一样承担"教育"的任务外，还要承担"保育"的任务，即"保教结合"。其次，幼儿教育主要是启蒙教育，启蒙教育要求以开发幼儿智力为主，幼儿在这一阶段所学习的主要是周围生活中的粗浅的知识、技能，不应盲目拔高。最后，幼儿教育以活动，尤其是游戏活动为主，通常以模糊学科领域界限的、统整的"一日活动"形式进行。因此，幼儿阶段职前教师教育课程应当帮助未来的幼儿教师充分认识和尊重幼儿阶段的特性和价值，理解"保教结合"的重要性，重视与幼儿直接接触的机会；理解每个幼儿的发展潜能和差异性，学会创设适宜的教育环境来激发他们的探索欲望；理解幼儿在游戏中体验、学习和创造的特点，学会把教育植根于他们的生活和游戏中，引导他们获得生动活泼的发展。

小学阶段的儿童则在思维、个性的发展等方面表现出过渡的特点，常常是原有的心理发展特征与新的心理发展特征并存。在思维发展上，虽然具体形象思维还占有重要地位，但抽象思维正在发展，处于以具体形象思维为主向以抽象思维为主过渡的时期。小学阶段儿童的心理活动和行为活动也处在过渡期，从不稳定性向自主性发展。随着意志的发展，小学儿童有意注意逐渐加强，但无意注意还起作用，仍较容易分散注意力。为了更好地为中学阶段学习做好准备，小学儿童需要在活动过程中逐渐形成良好的行为习惯和学习习惯。相应地，小学教育具有如下特点：首先，小学阶段虽然已开始分科教学，但学科内部和不同学科之间的综合性依然很强。其次，小学教育一方面要适应小学儿童的思维发展现状；另一方面要促进小学儿童的一般发展。最后，小学教育阶段是养成儿童良好习惯的重要时期。

因此,小学阶段职前教师教育课程应当为未来教师提供有关小学儿童认知、品德和行为发展特点的知识;要求他们学会根据小学生特点设计组织教学活动,基于小学学科整合的特点开发课程资源,以及经历1~2门课程教学实践等。

中学阶段是儿童身心发展逐渐趋于成熟的时期,他们的认识自觉性显著提高,有意识的观察能力、记忆能力和想象能力得到迅速发展。抽象思维能力逐步由经验型向理论型发展,能运用逻辑思维来假设、推理,以致整个中学阶段抽象逻辑思维占优势地位。中学儿童的独立性与批判性迅速发展,自我意识增强。但同时,处在青春发育期的中学儿童的个性发展中充满了种种矛盾和冲突。诸多矛盾冲突的核心则是自我身份的寻求,如"我究竟是儿童还是成人?""我会成功抑或失败?"能否帮助中学生顺利度过这一时期对其一生发展将产生重大影响。相应地,中学教育具有如下特点:首先,中学教育内容的理论性和抽象性增强。其次,中学阶段儿童独立性的发展要求在教育过程中更多地尊重儿童的自主性,这意味着中学教育的选择性增强。最后,"青春期"指导应成为中学教育的重要组成部分。因此,中学阶段职前教师教育课程应当为未来中学教师提供有关中学儿童认知与人格发展、任教学科及其教学设计、常见心理行为问题的处理等方面的知识和技能,以及要求他们在有关人员指导下,根据学生的特点,经历与体验教学方案的设计与实施等。

二、职前教师教育课程目标框架解析

课程目标框架的主要特点体现在结构和内容上,结构和内容共同决定了目标框架的功能,它们也是理解目标的关键。由于结构与内容总是不相分离,我们以表8-1为例来说明课程目标框架的基本特点。从该表可看出,课程目标框架具有如下三大特点。

表8-1　教师教育课程目标框架①

目标领域	目标	基本要求
1. 教育信念与责任	1.1 具有正确的学生观和相应的行为	1.1.1……
	1.2 具有正确的教师观和相应的行为	1.2.1……
	1.3 具有正确的教育观和相应的行为	1.3.1……
2. 教育知识与能力	2.1 具有理解学生的知识和能力	2.1.1……
	2.2 具有教育学生的知识与能力	2.2.1……
	2.3 具有发展自我的知识与能力	2.3.1……
3. 教育实践与体验	3.1 具有观摩教育实践的经历与体验	3.1.1……
	3.2 具有参与教育实践的经历与体验	3.2.1……
	3.3 具有研究教育实践的经历与体验	3.3.1……

注：不同学段基本要求和相应指标条目不同。

（一）不同学段课程目标有统一的整体架构

在总体架构中，幼儿园、小学与中学职前教师教育课程目标都由目标领域、目标和基本视点三个层级共同构成，从抽象到具体，逐步深入。其中，目标领域都由"教育信念与责任""教育知识与能力""教育实践与体验"三大领域组成，每个领域又都由三条目标组成，由此建立起课程标准目标的整体框架。三个领域的确定是依据已经达成的专业共识和相关的政策文本。基本要求则将每个学段的目标具体化，三个阶段既有共性也有差异。

（二）课程目标框架一致地体现课程基本理念

在内容上，教育信念与责任、教育知识与能力、教育实践与体验三大目标领域相互支撑，共同勾勒出职前教师教育的核心范畴，充分展现了职前教师教育的关键专业特征。目标针对每个领域具体描绘了职前教师应具备什么样的观念与行为、知识与能力、实践与体验，为职前教师教育的课程与教学指出了更加明确的方向；同时，从九条目标中我们也可以更加清楚地看到一以贯之的课程理念。如目标1.1从学生观方面体现了职前教师教育育人为本

---

① 中华人民共和国教育部. 教师教育课程标准(试行). 见本书的附录一.

的人文思想和行动跟进色彩。目标2.1提出了职前教师需要理解学生的发展特点与需求,这不仅是教师专业实践必备的知识与能力,也是实现育人为本理念的保障。目标2.3关注职前教师自我发展的知识与能力,为他们终身学习奠定基础。目标3.1、3.2、3.3都围绕教育实践的经历与体验,按照教学与研究实践能力形成的规律,逐步提高和深入。总之,课程目标框架回答了我们要培养什么样的职前教师,要通过何种方式来培养等专业立场问题,并将育人为本、实践取向和终身学习的课程理念贯彻其中。

(三)课程目标框架为使用者提供了清晰的目标图景

课程目标框架这种纵向与横向的结构特征,不仅为使用者呈现出结构化的目标体系,也为他们提供了可资操作的基本要求。不同使用者根据用途和职责的不同,可依据目标框架开展课程开发、教学管理、教学评估、教学实践,或进行教育教学研究等。如对于教学管理人员,可由此规划教师教育课程方案。又如执教教师可借助目标框架开展课堂教学。当然,职前教师也能从中获悉自己的学习目标和学习方式。如果不同使用者都能据此致力于完成各自任务,便将产生教育合力,有助于教师教育课程的一致性实施,从各个环节为培养合格的教师提供保障。

三、职前教师教育课程目标在不同学段上的差异

目标框架中的基本要求反映在三个阶段中既有共性又有差异。共性的存在是由于不同阶段教师所从事的都是教育工作,其核心使命和总体目的是一致的。但正如上文所述,不同阶段教师的工作对象和工作特点的不同决定了对教师素质要求上的差异。因而,职前教师教育课程目标也正体现了其间的连续性和阶段性、重点性和层次性。

(一)理解和掌握相关知识和能力的深度与广度之差异

比较而言,小幼阶段的目标在知识与能力理解和掌握上应更具通识性和综合性。中学阶段在课程内容的掌握上则应更具专门性。幼儿教师通常要承担儿童的语言、科学、艺术、健康、品德等多方面的教养任务,必须具备广

泛的各学科知识基础及相应的教学知识。而小学儿童求知欲旺盛、好奇心极强，上至宇宙太空，下到海洋生物，从远古到未来，从宏观到微观，他们都想了解，因而小学教师也需具备多方面的综合的知识基础及相应的教学知识。此外，幼儿和小学儿童活泼好动，他们爱唱、爱跳，着迷于游戏活动，所以，职前幼儿、小学教师又必须多才多艺，除文化科学知识外，还要具备一定的艺术和体育素养，要能唱能跳，能带领孩子做体操、做游戏等。而中学阶段的教育主要是分科教育，因此要求教师在某一学科的专业知识方面应更完整、更系统、更扎实。

不同教育阶段的职前教师教育课程目标，在理解和掌握相关知识与能力的深度和广度要求上的差异，同样体现在其他国家的相应文献中。如美国初等教育实施的是合科教学，而中等教育则是分科教学，在学科课程方面，对于小学教师，学科课程必须包括英语、数学、科学和社会等学科；对于中学教师，每人教授一门学科。[①] 在英国，小学教师也是不分科的，作为一名小学教师，应能够胜任全国统一课程中任一学科的教学。欲当中学教师的职前教育学生，若选择英语、数学、科学中任何一科为主修学科，就应对职前教师培训国家课程要求所规定的该学科内容具备完整的知识与理解。[②] 英国更进一步规定了不同学段教师在掌握和理解所要教授的学科知识方面的具体要求，即基础学段(3～5 岁)教师、第一学段(5～7 岁)和第二学段(7～11 岁)教师、第三学段(11～14 岁)教师以及第四学段(14～16 岁)及以后阶段的教师，在学科知识方面的基本要求。[③]

(二)转化课程内容为教学内容的要求之差异

教师不是将课程内容原封不动传递给学生的"导管"，而是需将课程内容

---

① 李其龙，陈永明. 教师教育课程的国际比较[M]. 北京：教育科学出版社，2002：19、42.

② 李其龙，陈永明. 教师教育课程的国际比较[M]. 北京：教育科学出版社，2002：62、54.

③ Training and Development Agency for Schools, *Professional Standards for Qualified Teacher Status and Requirements for Initial Teacher Training*. [DB/OL]. [2002-08-01]. [2005-11-26]. http://www.tda.gov.uk/partners/ittstandards.aspx.

加以教育学的加工与转化，使其成为适合具体教育对象的认知特点，使他们易于习得教学内容。这是教师专业性的重要体现，也是职前教师教育课程力图实现的目标。针对不同阶段儿童，将课程内容转化为符合各自今后工作对象认知特点的教学内容，是职前教师需要初步掌握的。

幼儿的思维以动作性、直观性、具体性、形象性为突出特点，只宜要求他们形成"表象水平"和"初级"概念。例如，学习抽象的字、词、数字符号等内容，也需要具体形象的帮助。因此，幼儿教师就需要将学习内容的抽象知识转化为儿童乐意接受的、具体的、形象化的形式。

小学儿童的思维处于由以形象思维为主向由以抽象思维为主的过渡时期，因而在课程内容转化中需特别注意：既要提供合乎儿童经验的具体东西，又要在可能范围内很快离开具体东西，即从具体、形象的形式逐渐过渡到逻辑、概念，甚至是抽象的形式。这一方面符合小学生思维发展的过渡特点，又对这一过渡的实现有所帮助。到了中学阶段，课程内容的转化则强调系统性、逻辑性、抽象性，以适应并促进青少年抽象思维能力的发展。

(三)课程开发能力之差异

随着"教师参与课程开发"成为广为接受的理念，教师的课程开发能力成为教师专业素养的重要组成部分。幼儿园、小学、中学教师参与课程开发在自主性、综合性方面都有所不同。相应地，三类职前教师教育课程目标在教师课程开发能力的要求方面也就有所不同。幼儿阶段在游戏中学习，没有家庭作业，也没有考试这一环节，教材的多样性和丰富性得到真正体现。幼儿教师开发课程有很大的自主性和综合性。但自主意味着责任，幼儿教师必须具有较强的开发、统整与生成课程资源的能力与意识。进入小学教育阶段，则有了比较系统的知识内容和比较硬性的教育目标，但小学课程仍具有较强的综合性、生活化特点，小学教师尤其需要具备对课程内容进行符合小学生认识规律的再开发的能力。至于中学阶段，由于学习内容日趋复杂与深刻，各科教材的体系也越来越严密。一般情况下，一个教师执教一门学科，自主开发课程的空间也越来越小。中学教师的课程开发，常常是多名教师协作进行的校本课程开发，因此对教师在课程开发中互动合作、集体审议有着较高的要求。这些课程开发能力的差异自然也就体现在职前教师教育目标中。

(四)评价方法和技能之差异

评价是教师必须掌握的基本功,其主要原理是通过评价对象的种种表现推断学习发生的情况。尽管在不同教育阶段都可以用多样的评价方法评价儿童,但由于处于不同发展阶段的儿童表现特点各异,适用的评价方式和技能也就不同。例如,幼儿口头与书面表达能力都有限,对幼儿的评价不得不主要通过观察、记录、分析幼儿的行为来进行。幼儿教师观察儿童的频率和速度,为从事其他年龄段教育的教师所不能及。而随着儿童语言能力、思维能力的发展及其心理活动逐渐内隐,对小学、中学儿童就可以通过更多途径、更间接的方式(包括使用标准化的测验或量表)进行评价。伴随学生批判性思维能力的逐步加强,学生自评、生生互评的使用也具备了条件,评价主体也随之多元化。因此,服务不同学段的未来教师需重点掌握不同的评价方式和技能。

(五)参与实践与体验之差异

首先体现在参与教学上的差异。幼儿园和小学阶段的教学都具有整体性,但两个阶段教学的整体性又有各自的特点。幼儿教师工作的整体性既表现在工作任务上,也表现在工作过程中。从工作任务来看,既要承担教育的任务,又要承担保育的任务。就工作的过程而言,一般是持续一天或半天的"带班"活动。幼儿职前教师对教学的参与同样应是全面的、完整的,要让未来教师设计活动方案、组织一日活动,切身体验幼儿教育的全面性、细致性和整体性等特点,从中获得对幼儿教育过程的真实感受。小学教师虽然也应具备多科教学的能力,但设计的范围不如幼儿教师宽泛,小学职前教师的教育实践主要应让未来教师设计、实施,经历1~2门课程的教学活动,体验小学教育的综合性特点,从而获得对小学教育过程的真实感受。而中学职前教师教育实践要求未来教师参与自己所主修的学科的教学,体验将学科知识转化为教学内容的过程。

其次体现在参与同家长、社区合作沟通上的差异。学校、家庭、社会共同参与儿童的教育，形成合力，共同促进儿童的发展，这已成为众所周知的教育原理。为落实这一教育原理，教师必须具备与家长、社区就儿童发展情况进行沟通与合作的能力。这种能力在中小幼不同的职前教师教育课程中应各有侧重。幼儿处于全面成长的关键时期，对家长与教师等成人的依赖十分紧密，需要家长与教师之间的紧密合作。未来的幼儿教师需要仔细观摩、实践、体验教师与家长沟通的过程与方式，深入了解幼儿的家庭情况，利用多种手段与幼儿家长取得联系，就幼儿身心发展的情况与家长进行全面的讨论，不仅能提供准确的有关幼儿发展的信息，而且能为如何通过家园合作，进一步促进孩子的身心发展提供可行的建议。小学、中学职前教师教育实践也要求未来教师获得与家长沟通的经历，但随着儿童自主性的发展、探索范围的扩大以及社会性发展的需要，未来教师与社区沟通合作的重要性明显增加，小学与中学职前教育实践要使未来的中小学教师在这些方面获得更多的经历和体验。

此外，三类职前教师教育课程目标在学生观、课堂管理能力、活动设计、语言和书写的规范与运用以及引导学生成长和发展的侧重点等方面都存在差异，在此不再列举。

尽管做了上述分析，但三类职前教师教育课程目标陈述上的差异，尤其是小学和中学阶段课程目标在陈述上的差异并不是很明显。其原因有二：首先，不同阶段的教育既有阶段性，又有连续性；既有独特性，又有共同性。体现在对不同阶段的教师之素养要求上，也必然表现出连续性与阶段性、独特性与共同性同时呈现的特点。其次，课程目标作为课程之"纲"，必须具备一定的概括性。在课程目标陈述构想中，课程目标应包括"内容"和"行为"两方面，两相比较，行为的概括化程度无疑更高一些，这也是为了避免过于丰富的内容可能给目标陈述带来臃肿之弊的考虑。

由此，我们也不难推想，一旦课程目标具体化、明确化为课程内容的组织、教材的编写等，其中的差异会得到显著体现。例如，在对三类职前教师教育课程的"教育知识和技能"要求中，都有对未来教师需了解儿童身心发展规律及年龄特征的要求，幼儿教师教育阶段的表述为"了解儿童身心发展的一般规律、年龄阶段特征和个体发展的差异性”；小学和中学阶段的表述为“了解儿童身心发展的一般规律和影响因素，熟悉小(中)学生年龄特征和个体发展的差异性”①，相互之间看不出明显不同，但具体组织、编写相应课程内容或教材时，会因不同阶段儿童身心发展规律及年龄特征殊异而有明显差别。

---

① 中华人民共和国教育部. 教师教育课程标准(试行). 见本书的附录一.

第九章 职前教师教育课程结构与学分设置

职前教师教育课程目标的实现，有赖于基于目标的课程结构与学分设置。依据前述教师教育课程改革的国际经验以及我国职前教师教育课程存在的问题，《教师教育课程标准（试行）》重构了职前教师教育课程结构与学分设置，为教师教育机构编制教师教育课程方案，开设模块化、选择性、实践性的课程提供了依据。

一、职前教师教育课程结构解释

长期以来，我国教师教育课程都是以"……学"来命名的，如教育心理学、教育社会学等，甚至以教育学、心理学与学科教学法来代表教师专业的知识基础。这种以宏大的学科体系作为一门课程，在有限的课时背景下，导致的结果是学生记住了一大堆概念，少了深入的思考；学了许多理论流派，少了问题解决学习；各门课程的内容存在重复、交叉，甚至观点互相矛盾的现象。针对这些问题，结合专家工作组对教师教育相关人员课程需求进行调查所获得的结果，并在充分吸取教师专业素养方面的已有研究成果的基础上，《教师教育课程标准（试行）》建构了一种模块化、选择性和实践性的课程结构（见表 9-1）：将教师教育课程划分为六大学习领域，每个学习领域由价值相近的不同模块组成，每个模块涉及一个重要的主题，并指向问题解决。

表 9-1 职前教师教育课程结构①

学段	学习领域	建 议 模 块
幼儿园	1. 儿童发展与学习	儿童发展；幼儿认知与学习；特殊儿童发展与学习等
	2. 幼儿教育基础	教育发展史略；教育哲学；课程与教学理论；学前教育原理等
	3. 幼儿活动与指导	幼儿游戏与指导；教育活动的设计与实施；幼儿健康教育与活动指导；幼儿语言教育与活动指导；幼儿社会教育与活动指导；幼儿科学教育与活动指导；幼儿艺术教育与活动指导；0~3岁婴儿的保育与教育；幼儿园教育环境创设；幼儿园教育评价；教育诊断与幼儿心理健康指导等
	4. 幼儿园与家庭、社会	幼儿园组织与管理；幼儿园班级管理；家庭与社区教育；教育资源的开发与利用；幼儿教育政策法规等
	5. 职业道德与专业发展	教师职业道德；教育研究方法；师幼互动方法与实践；教师专业发展；教师语言技能；音乐技能；舞蹈技能；美术技能；现代教育技术应用等
	6. 教育实践	教育见习；教育实习
小学	1. 儿童发展与学习	儿童发展；小学生认知与学习等
	2. 小学教育基础	教育哲学；课程设计与评价；有效教学；学校教育发展；班级管理；学校组织与管理；教育政策法规等
	3. 小学学科教育与活动指导	小学学科课程标准与教材研究；小学学科教学设计；小学跨学科教育；小学综合实践活动等
	4. 心理健康与道德教育	小学生心理辅导；小学生品德发展与道德教育等
	5. 职业道德与专业发展	教师职业道德；教育研究方法；教师专业发展；现代教育技术应用；教师语言；书写技能等
	6. 教育实践	教育见习；教育实习

① 中华人民共和国教育部. 教师教育课程标准(试行). 见本书的附录一.

续表

学段	学习领域	建 议 模 块
中学	1. 儿童发展与学习	儿童发展；中学生认知与学习等
	2. 中学教育基础	教育哲学；课程设计与评价；有效教学；学校教育发展；班级管理等
	3. 中学学科教育与活动指导	中学学科课程标准与教材研究；中学学科教学设计；中学综合实践活动等
	4. 心理健康与道德教育	中学生心理辅导；中学生品德发展与道德教育等
	5. 职业道德与专业发展	教师职业道德；教师专业发展；教育研究方法；教师语言；现代教育技术应用等
	6. 教育实践	教育见习；教育实习

从表 9-1 我们可以看出，幼儿园、小学和中学职前教师教育课程结构中的学习领域都设有儿童发展与学习、教育基础、职业道德与专业发展和教育实践四个相同的领域，并且三个阶段都强调"教育实践"的重要性，将其单列出来。不同的是，幼儿园阶段的"幼儿活动与指导"和"幼儿园与家庭、社会"领域，到了小学和中学改成为"小学/中学学科教育与活动指导"和"心理健康与道德教育"，这也不难理解，是因为三个阶段课程目标的差异和职前教师将面对的教育对象的发展特征的不同而不同。在课程结构的第一层面以学习领域的方式来呈现，有利于教师教育机构和教师教育者能更合理地把握教师专业结构，规划模块课程，指导学生选择。

课程结构第二层面的"建议模块"，之所以是"建议"，是因为标准中所罗列的模块是根据学习领域的性质、任务、内容等有限列举的几个模块，如在"儿童发展与学习"这一学习领域下只列举了"儿童发展"和"幼儿/小学生/中学生认知与学习"两个建议模块。在每一个建议模块中都用"等"字来强调"建议"，也即教师教育机构需要根据自己的实际情况和学生的需求来确定并开设课程。

这样的设计，在确保未来教师具有合理知识结构的前提下，发挥了模块课程的开放性和灵活性的作用。一个学习领域下有若干模块，当新的模块加入时，只是丰富了该领域的内容，而不会对课程整体方案产生重大影响。在课程方案相对稳定的前提下，一方面可以及时增删课程内容，吸取教育科学研究的新成果，保证课程的开放性和适应性；另一方面，模块化的课程短小精悍，便于灵活组合和采用不同的教与学的方式。模块式课程客观上使得教师教育课程体系本身保持相对的开放性，教师教育机构及教师教育者可以在学习领域的框架下灵活地调整、更新教学内容。课程在实施过程中根据外部因素，例如，学习理论研究的新成果、基础教育的新需要等进行持续改进，因而可从根本上克服现行课程体系的封闭性和保守性。可见，建议模块的设计促进了课程内容的整合，有利于解决学科科目设置相对稳定与现代教育研究迅猛发展的矛盾，便于适时调整课程内容；有利于教师教育机构充分利用场地、设备等资源，提供丰富多样的课程，为学校有特色地发展课程创造了条件；有利于教师教育机构灵活安排课程，学习者自主选择并及时调整课程，形成个性化的课程修习方案。

二、职前教师教育课程学分结构解释

教师教育课程在整个课程体系中比重过大，会影响学科专业课程和公共基础课程的学习质量；反之，则会影响教师教育的质量，这些都涉及一个标准的问题，即教师教育课程学分到底占多大的比例才是合适的。如前文所述，专家工作组在调查和研究的基础上，结合我国当前教师教育实际，设置了一个集规范性、灵活性和平衡性于一体的学分结构（见表9-2）。

学分的设置，意味着职前教师在校期间，所修习的总学分及学分构成要达到《教师教育课程标准（试行）》的要求方可毕业。《教师教育课程标准（试行）》对此作出明确的规定，现作如下说明：第一，《教师教育课程标准（试行）》规定了每个阶段的最低总学分（含选修课程）和最低必修学分。学分底线是规范教师教育机构的基本标准，反过来说，《教师教育课程标准（试行）》规定的只是底线要求，是要求各级各类教师教育机构在实施课程时必须遵循的，是师范生在毕业前必须达到的最低要求。第二，《教师教育课程标准（试行）》制定的只是一个整体上统一的学分结构，并不是对教师教育课程学分的具体规定。例如，学分结构只规定了最低总学分数和最低必修学分数，并没有规定各个学习领域，甚至是各个模块的学分数；也没有规定必修和选修学分的具体比例，这些都由教师教育机构自主确定。第三，每位职前教师都必须在每一个学习领域中获得一定的学分，同时规定1学分相当于在教师指导下学习 18 课时，并经考核合格。第四，明确规定任何学制的幼儿园、小学和中学职前教师教育的教育实践时间都必须满 18 周。

表 9-2　职前教师教育学分结构①

学段	学习领域	学分要求		
		三年制专科	五年制专科	四年制本科
幼儿园	1. 儿童发展与学习 2. 幼儿教育基础 3. 幼儿活动与指导 4. 幼儿园与家庭、社会 5. 职业道德与专业发展	最低必修学分 40 学分	最低必修学分 50 学分	最低必修学分 44 学分
	6. 教育实践	18 周	18 周	18 周
	教师教育课程最低总学分数（含选修课程）	60 学分＋18 周	72 学分＋18 周	64 学分＋18 周
小学	1. 儿童发展与学习 2. 小学教育基础 3. 小学学科教育与活动指导 4. 心理健康与道德教育 5. 职业道德与专业发展	最低必修学分 20 学分	最低必修学分 26 学分	最低必修学分 24 学分
	6. 教育实践	18 周	18 周	18 周
	教师教育课程最低总学分数（含选修课程）	28 学分＋18 周	35 学分＋18 周	32 学分＋18 周
中学	1. 儿童发展与学习 2. 中学教育基础 3. 中学学科教育与活动指导 4. 心理健康与道德教育 5. 职业道德与专业发展	最低必修学分 8 学分		最低必修学分 10 学分
	6. 教育实践	18 周		18 周
	教师教育课程最低总学分数（含选修课程）	12 学分＋18 周		14 学分＋18 周

说明：(1)1 学分相当于学生在教师指导下进行课程学习 18 课时，并经考核合格。(2)学习领域是每个学习者都必修的；建议模块供教师教育机构或学习者选择或组合，可以是必修也可以是选修；每个学习领域或模块的学分数由教师教育机构按相关规定自主确定。

---

① 中华人民共和国教育部. 教师教育课程标准（试行）. 见本书的附录一.

这种学分结构设置乃是基于以下几方面考虑。首先，保证教师教育课程的规范性。规范的教师教育课程是教师教育质量的根本保障，最低总学分、最低必修学分和教育实践课时的规定，为教师教育质量的达成提供了学习时间上的保障。其次，保证教师教育课程的灵活性。教师教育的培养模式、培养机构以及同类培养机构条件是有差异的，这决定了教师教育课程设置需要有一定的灵活性。对所需修习的学科或模块作出具体的、刚性的规定，固然顾及了教师教育课程的规范性要求，却会牺牲其灵活性。而规定最低总学分和必修学分则能兼顾两者，在确保教师专业所必须具备的基本知识的前提下，使学习者有机会去选择适合于自己的课程，制定自己的学习计划，培养其规划能力，扩大学习者知识领域并发挥他们的专长；给教师教育者提供更加广阔的平台展现其学术成果和施展教学才能，以发展教师教育者的潜力；给教师教育机构以开设课程的灵活性，使其走上特色化之路。再次，保证教师教育课程的平衡性。教育的复杂性决定了教师素养的全面性，反映在课程设置上必定是极为广泛和纷繁的。为此，正如上述课程结构中所呈现的，教师教育课程框架化繁为简，把性质相似的课程纳入同一学习领域之中，使整个课程结构线条清楚，每一学习领域都代表着一类重要的教师素养。而规定学习者在每一学习领域都必须修习一定的学分，则保证了教师各方面素养的均衡发展。最后，保证了教师教育课程的实践性。将教育实践单列出来，并规定一定要完成满18周的实践时间方可毕业，我们可以清晰地看到教育实践在整个教师教育课程中所占的比重和特殊地位。

三、教师教育机构如何处理职前教师教育课程与学分设置

《教师教育课程标准（试行）》中设置的课程结构和学分结构是教师教育机构开展教育教学的依据，但《教师教育课程标准（试行）》毕竟仅仅只是政策性文本，真正落实需要经过一个"地方化"的实施过程。同时，上述课程结构和学分结构的特点，也正说明了《教师教育课程标准（试行）》考虑到了地区和教

师教育机构的差异，预留了足够的弹性空间。从这个意义上来说，教师教育机构并不是被动的执行者，而是主动的开发者和实施者。那么，在具体实施时，应如何处理呢？

（一）根据标准编制教师教育课程方案

有了国家标准，有了标准对课程结构和学分结构的规定，各级各类教师教育机构就必须根据标准来实施课程。首先要做的就是根据标准来编制教师教育课程方案。对此，《教育部关于大力推进教师教育课程改革的意见》指出，要"按照《教师教育课程标准（试行）》的学习领域、建议模块和学分要求，制定有针对性的幼儿园、小学和中学教师教育课程方案，保证新入职教师基本适应基础教育新课程的需要"。① 这就要求教师教育机构在制定教师教育课程方案的时候，首先要基于标准，要全面正确地理解教师教育课程结构的作用和意义，明确学分设置的基本要求；遵循标准对学习领域、建议模块和学分要求的规定，确立相应的课程结构，提出课程实施办法，制定配套的保障措施，确保底线的达成。其次，要结合当前教育趋势和自身实际，制定有针对性的方案。在这方面，其一，要贯彻《国家中长期教育改革和发展规划纲要（2010—2020年）》和《教育部关于大力推进教师教育课程改革的意见》等相关政策文件的意见和精神，形成与我国当前教师教育实践需求相适应的教师教育课程方案。其二，要对自身的强弱机危（SWOT）进行分析，明晰本机构的愿景，清楚现有校本资源和社区资源，并尊重学生的兴趣和自主发展规划，为学生量身定制适合他们发展的教师教育课程方案。

（二）确保学分底线

《教师教育课程标准（试行）》规定了教师教育课程最低总学分数、最低必修学分数和教育实践周数，这是教师教育机构在实施课程时必须要遵循的。

---

① 教育部关于大力推进教师教育课程改革的意见.［EB/OL］.［2012-03-15］. http://edu.cnr.cn/jybwj/201110/t20111028_508696148.html.

最低总学分数是由一个个具体的学分数字组成，每一个学分数字不是脱离实际、凭空想象而来，而是有其现实的依据和对未来的客观把握。每一个学分数字不是一个简单的数字符号，而代表着国家统一规定教师教育机构开设教师教育课程的标准，是各级各类教师教育机构必须达到的统一、共同的要求。同时，在保证共同基础的前提下，各级各类教师教育机构在设置学分方面又享有充分自主的权利。《教师教育课程标准(试行)》规定的不是最高要求，而只是最低学分要求，这是培养我国教师专门人才的根本保证，是各教师教育机构必须达到的底线。这也就意味着，首先，教师教育机构要开设足够高质量的课程，这是学生达到学分底线的前提。其次，学生没有获得规定的学分数，是不能毕业的。

为了确保学分底线，教师教育机构要制定合理的符合教师素质要求的学分认定方案，要清楚学分认定的流程、学分认定主体的职责，以及各认定主体的操作方式，通过审核确保每一位毕业生都达到最低学分要求，这是保证教师教育质量和未来教师素质的重要环节。

(三)每个领域都必须要有相应的学分数

为了每位师范生能得到全面而均衡的发展，《教师教育课程标准(试行)》在规定最低学分的同时，还规定在课程结构中的每一个领域都必须修习一定的学分。这就意味着，任何一个领域都必须至少修习一个学分。当然，理想的做法是，在每个学习领域确保都获得一定学分的前提下，根据教育教学研究与实践的最新成果、学校师资情况和学生的兴趣等因素，合理分配并不断优化各个学习领域的学分组成。学分结构和课程结构共同决定着师范生的专业素质结构，如果学分设置过于笼统、模糊，课程结构就会呈现出失衡、不合理，随之可能带来的是教师素质结构狭窄、不科学。无论是儿童发展与学习领域、教育基础领域，还是职业道德与专业发展等领域，既无孰轻孰重，也无主次之分，而是共同决定着所培养教师之基本素质和要求，彼此相互补充和相互促进。

(四)根据需要，教师教育机构自主开设选修课

和以往的课程一样，职前教师教育课程结构内部也有必修和选修之分，但并没有具体规定哪些科目或模块为选修科目或选修模块，没有规定某一学科或模块的学分值，没有规定最高学分数，没有规定各学习领域具体应修习的学分数，没有规定必修和选修学分数，没有规定具体模块学分数以及课时数等。师范生可以按照自己意愿和兴趣将这些学分配置到同一领域，也可以自由配置到多个领域；可以多修一些学分，也可以只修满教师教育课程方案所规定的学分。这大大提高了学习者选学课程的灵活性和自由度。而为了满足师范生的多样化需求，就需要教师教育机构在学习和理解国家教师教育课程和学分结构的基础上，尽可能多地提供多元化的选修课程。诚然，由于资源条件等因素所限，所有的教师教育机构并不能完全满足每一位师范生的个性化需求，而是要根据自身的实际情况，如学校传统特色、师资、场地等，自主开设选修课程。

(五)加强实践性课程的实施与管理

《教师教育课程标准(试行)》为了强化教育实践这一学习领域，将其单独罗列，并规定了18周的实践时间。当然，《教师教育课程标准(试行)》规定的只是整体的时间数，要确保师范生获得一定的实践能力，教师教育机构在实施课程时必须加强教育实践课程的管理：(1)充分认识教育实践的价值。将教育实践作为教师培养的一项重要工作，制定明确的、全面的实践规划，为实践工作提供依据。(2)保证并合理安排教育实践的时间。教育实践应当贯穿于教师职前教育的全过程，不能像现在很多学校那样集中于毕业前的一段时间，应当分散安排，与其他多种形式的实践经历相配合，采用多样化的形式。(3)大力加强实践指导队伍建设。在教育实践中，通常要求建立起一种三方构成的辅导关系，即师范生—教师教育机构中的辅导教师—作为实践基地现场的辅导教师。① 这首先要求教师教育机构建设一支数量充足、质量合格的实

---

① Beck, C. & Kosnik, C. Professors, and the Practicum: Involvement of University Faculty in Preservice Practicum Supervision. *Journal of Teacher Education*，2002，53(1)：6-14.

践辅导教师队伍，明确实践指导教师的职责，并采取多种措施加强指导教师的实践指导能力建设。(4)加强实践基地建设，形成有机的伙伴关系。教师教育机构首先应做好实践学校的选择工作，充分考虑学校的条件，如设施水平、教师工作负担水平、教师的总体质量等；考虑学校文化和教师次级文化的影响，如有无合作反思的文化。在当前选择余地有限的情况下，对于教师教育机构来说，更重要的是参与实践基地的建设，充分利用自身的教育资源与优势，为实践学校提供必要的支持，参与实践学校的建设，促进实践学校的发展，让实践学校在这种合作关系中受益。(5)建立合理的实践评价制度。对教育实践的评价不能只给出最后的等级，或只提供"合格"证明，而要发挥评价的形成性功能，应对师范生在教育实践诸项目上的表现进行描述性评价，以向师范生以及其今后的就职学校提供关于其长处、弱点的信息，为其今后的专业发展和学校的专业支持提供依据。

第十章　在职教师教育课程设置框架建议

　　《教师教育课程标准(试行)》主体板块"教师教育课程目标与课程设置"部分，专门编列了"在职教师教育课程设置框架建议"一块内容，对在职教师教育课程设置提出了一些指导性意见。相比前面的内容，这部分无论在结构上还是内容上都有诸多独特性，需要对其中若干关键问题作出分析解读。

一、标准规范在职教师教育课程设置的必要性

　　在《教师教育课程标准(试行)》中编列在职教师教育课程设置的问题，其主要理由至少来自两方面。

(一)《教师教育课程标准(试行)》涵盖在职教师教育课程设置问题

　　正如我们在第一章中对为什么使用"教师教育"这个概念而做出的解释一样，相比之前常见的"师范教育"这个提法，使用"教师教育"的概念不仅可以把那些在非师范性教育机构所从事的教师教育囊括进来，还可以把在职的教师教育囊括进来。也就是说，教师教育本来就包括职前的教师教育(这一部分经常被称作是师范教育)，以及在职的教师教育(这一部分经常被称作是教师培训)。所以，《教师教育课程标准(试行)》除了要对职前教师的教育课程作出规定之外，当然也要对在职教师的教育课程作出相应的规定。否则，它就是不完整的。

(二)当前在职教师教育中存在的问题需要教师教育课程标准加以规范

经过多年的改革摸索，我国的在职教师教育课程建设取得了许多宝贵的经验，但也存在着一些不容忽视的问题。例如，在在职教师的学历教育课程设置中，我们经常会发现很多教师教育机构简单地套用职前教师教育的课程。其背后的逻辑可能是，既然是学历教育，规定他们学习的教育课程，就应该与同等学力的师范生的教育课程一致。但在实践中，这样的课程不仅将职前教育课程教材中存在的知识体系僵化、过于强调技术理性等诸多缺陷复制下来，而且还因基本上没有考虑到在职教师的实际需要而导致课程与现实脱离现象加剧。即使在许多表面声称是为在职教师编写的教材中，简单地复制职前教师教育课程内容的现象也同样很严重。这种丧失了时代性、适切性的在职教师学历教育课程自然会受到学习者的冷落。

再说非学历教师教育。这种教育的目的不能说不明确，有些什么类型的培训也不是不清楚，可很多承办培训任务的教师教育机构，一直以来还是习惯采取临时应付的工作方式，谈不上把针对谁、培训什么真正当做问题来研究。很多培训完全是依据培训机构所能聘请到的专家来临时拼凑课程的，即使聘请到了某个专题的专家，也很少对专家的真实授课内容进行监控评价。能够根据培训者的特征和需求，设计一套系统的培训课程，然后再有针对性地邀请专家或者合作开发这些课程，并最终对这些课程实施成效进行监控的是少之又少的。

总之，无论学历教育还是非学历教育，在职教师的教育课程都普遍存在着缺乏系统规划、良莠不齐的现象和问题。在这种情况下，以构建促进教师专业发展为核心的教师教育课程体系为己任的、具有法定权威的《教师教育课程标准(试行)》，理所当然地需要对在职教师教育课程设置问题作出相应的规定。这一方面是对多年来我国在职教师教育课程建设所取得的一些宝贵经验进行制度化；另一方面也是对未来在职教师教育课程建设的基本方向进行必要的约束和指引。

二、在职教师的学习特点决定对其教育课程单独设计

在《教师教育课程标准(试行)》的主体板块"教师教育课程目标与课程设置"部分，共编列了四大节内容。它们分别是：幼儿园职前教师教育课程目标与课程设置；小学职前教师教育课程目标与课程设置；中学职前教师教育课程目标与课程设置；在职教师教育课程设置框架建议。很明显，这背后的逻辑是把职前教师教育课程目标、内容设置与职后教师教育课程的目标、内容设置分开编制。那为什么一定要把在职教师的教育课程目标、内容设置，与职前教师教育课程目标、内容设置分开，而不是统一编制诸如"中学教师教育课程的目标与课程设置"呢？这两类课程的接受主体具有不同的学习特征，是《教师教育课程标准(试行)》没有把职前和在职两类课程合并在一起编制课程目标和内容的一个重要原因。接受职前教师教育课程学习的主体是那些没有正式教学工作经验的全日制大学生。接受在职教师教育课程学习的主体是那些具有较长教学工作经验，而且绝大部分都可能已经是成家立业的成年人，他们已经基本不可能回到大学时代的学习状态中去了，他们的学习已呈现出明显的成人学习的特征。① 综合学界提出的诸多成人学习特征的描述，在职教师的学习至少具备以下典型的特征。

(一)在职教师的学习表现出明显的自我导向性

在职教师通常基于自己的需求进行学习，外部强加的任务通常难以有效驱动教师的学习。他们通常有自己的学习目标，比如大多数教师更关注课堂实践，一些难以直接在实践中应用的"理论"就很难进入他们的学习目标体系；他们更愿意自己确定学习时间和场所，外部规定时间和场所的学习活动经常会受到教师的抵触。绝大多数有成就的教师都坚信，自己作为教师的发展有环境影响的成分，但更多是自我导向学习的结果。此外，教师培训实践证明，许多外部组织实施的培训项目备受教师抵触，原因就在于它们未能关注教师

---

① 崔允漷，柯政. 学校本位教师专业发展[M]. 上海：华东师范大学出版社，2012，出版中.

的需求，未能给予教师参与培训项目设计的机会，未能让教师主动参与学习过程，未能给予教师管理自己学习的机会。

(二)在职教师在学习中会更多地受到自身经验的影响

经验在所有人的学习中都发挥着重要的作用，甚至可以说，所有人的学习都是建立在特定学习经验的基础上的。但在职教师与普通大学生在学习教师教育课程时一个很重要的区别就是，前者已经积累大量的相关经验。因此，经验在这些教师的学习中发挥的作用也更为明显。他们会以原有的经验审视、筛选新的学习内容，会借助于原有的经验和知识同化新的知识和经验，会以习惯化的思维或学习方式进行新的学习。同时，当教师以自身的经验为基础，并将经验作为反思的对象时，他们的学习会更有效。一些顾及教师的原有知识基础和经验，能将教师已有经验作为培训的资源，能够引发教师的认知冲突，能够激励教师对自己的经验进行反思的培训项目，通常也是更受教师欢迎、教师觉得受益更大的培训项目。这都是我们在设计在职教师教育课程时需要特别注意到的。

(三)在职教师的学习更加注重实践取向

在职教师的学习一般不以发现知识为己任，学习时也不关注系统知识的掌握。与其他成人一样，教师的学习大多受自己的工作需求所驱动。教师经常带着工作中要解决的问题进入学习，解决工作中的问题是他们最重要的学习动机。新手教师有"适应"的问题，已适应的教师有"提高"的问题，成熟的教师有"拆顶"或"突破玻璃天花板"的问题。所有教师都会在实践中遭遇各种各样的具体问题。当教师意识到自己面临问题并想解决问题时，他们就有强烈的学习冲动。而且，学习的指向非常明确，希望学习与问题解决直接相关的东西，希望知道所学内容对他们个人的价值，他们通常不会因知识本身产生兴趣。不关注学科中心的系统的知识，而是关注有实用价值的知识。如果他们判断某些课程内容对自己的实践没有价值，或者看不到它的直接价值，他们就可能没有学习的动力，甚至排斥、抵制学习。

在职教师的学习作为典型成人的学习所具备的这些特征，决定了我们的课程不能笼统地把职前和在职学习放在一起来设计，这是《教师教育课程标准(试行)》把在职教师教育课程设置问题进行单独编列的一个基本原因。

三、在职教师教育课程设置框架的解释

本部分对《教师教育课程标准(试行)》中在职教师教育课程设置框架分几个层面进行解释。

(一)在职教师教育课程设置采用建议框架的原因

对比《教师教育课程标准(试行)》在幼儿园、小学、中学以及在职教师教育课程设置上的规定，我们可以清晰地看到，同属职前教育的前三部分内容基本上都完全按照同一个组织框架来编列，而对在职教师教育课程设置则采用另外一个框架。它不再明确规定具体的课程目标以及具体的课程设置，只提供了一个建议的设置框架，大略地指出了三方面"课程功能指向"以及列举了相应的主题或模块。《教师教育课程标准(试行)》建议的在职教师教育课程设置建议框架具体内容如表 10-1 所示。

表 10-1　在职教师教育课程设置建议框架

课程功能指向	主题/模块举例
加深专业理解	当代教育思潮、教师专业伦理、学科教育新进展、儿童研究新进展、学习科学新进展等；也可以选择哲学、人文、科技等研究领域的一些相关专题
解决实际问题	学科教学专题研究、特殊儿童教育、青少年发展问题研究、学校课程领导、校(园)本课程开发、综合实践活动设计与指导、档案袋评价、学生综合素质评定、教学诊断、课堂评价、课堂观察、学业成就评价、信息技术与课程的整合、校(园)本教学研究制度建设等
提升自身经验	教师专业发展专题研究、教育经验研究、反思性教学、教育行动研究、教育案例研究、教育叙事等

那么，为什么以这种形式来规定在职教师教育课程设置问题呢？在职教师教育形态过于多样，以至于无法为这么多类型的在职教师教育课程提供一

个统一而具体的规定,是如此做的主要原因。

在职教师教育形态的多样化首先表现在,它有学历教育和非学历教育两大类别,它们各自都有一个教育课程如何设置的问题,而且它们的课程性质迥然不同。其次它还表现在,在这两类下面也同样还存在着种类繁多的亚类。以非学历教育为例,它既有针对新教师的培训,也有针对名师、校长的培训;它既包括一些几天的短期教育,也包括一些长期的培训活动;它既包括暂时脱产几天集体去校外进修机构的培训,也包括校内组织的各种教师专业发展活动;等等。

这些教育形态相差悬殊,教育目的也迥异。在这种情况下,要如职前教师教育课程那样,为各种类型的在职教师教育制定教育课程内容框架还缺乏应有的研究基础。只有基于当今对优秀教师的基本素养要求,以及总结分析各类型教师都会共同面对的若干专业发展任务的角度,来为各种各样的在职教师教育课程设置提供一个建议的基本框架。

(二)框架建构的考量

从表 10-1 中我们可以看到,《教师教育课程标准(试行)》所提供的课程设置框架,首先根据"课程功能指向"划分了三个维度。这主要是为了纳入框架的课程不至于过于零散,甚至出现结构性偏差的问题,我们需要构建一个上位的框架来把这些主题/模块组织起来。至于加深专业理解、解决实际问题以及提升自身经验这三者之间关系,我们可以这样来理解:教师或多或少会去关注或接触到新的教育思想、理论,相应地需要有"加深专业理解"一类的教育课程;随着对学校教育认识的深化和基础教育改革的持续推进,教师面临着一系列新的任务,需要掌握相关的知能才能完成好,相应地需要有一类帮助教师"解决实际问题"的课程;任何教师都不可避免地经历通过对自身或他人经验反思的学习,相应地需要有一类"提升自身经验"的课程。

这样得以提炼的三个维度,较之于常将教师当做"教学知识基础的附庸"

的建基于技术理性权威的教师教育,① 可谓对教师概念的理解发生了较大的改变,具有了帮助教师成为探究者、问题解决者和他们自身实践的研究者的发展意味。

在维度确立之后,要明确各维度涵盖哪些主题基本上就是一个对我国时下教师专业发展的语境有多少了解的问题。综观框架里列举的那些主题/模块,应该说它们比较全面地反映了散见于我国当前教师教育中的主要话题,与职前教师教育课程内容明显能构成一个补充、发展和更新的关系,在很大程度上因应了教师教育课程越是扎根教师的内在需求越是有效,越是紧扣教师的鲜活经验越是有效,越是注重教师的实践反思越是有效的先进理念。

框架之所以采取主题列举的方式,一是考虑到教师参加校外教师教育毕竟时间有限,采用主题这种短课程的形式才能更好地满足学习内容多样化的要求;二是表明它是一个开放的系统,各相关主题都可参与到课程生成中来。

(三)框架的意义

采用这种结构和形式对在职教师教育课程设置作出规定,至少有以下几方面的意义。

首先,对教师教育机构来说,因应教师专业发展的需要,向参加继续教育的幼儿园、中小学教师提供适切的教育课程是它们必须承担的基本责任,这无论在学历教育还是非学历教育中都概莫能外。现有的框架能帮助教师教育机构更加清晰地明确可以从哪些方面提供教育课程,需要重点关注哪些主题,以及开设这些主题模块的目的指向是什么等问题。透过它,我们已能依稀看到教师教育通过促进教师专业发展来为基础教育改革服务的愿景。

其次,对在职教师来说,只要具有最基本的教师专业发展愿望的,看到这个框架,应该会产生"噢,这些才是我们今后需要加强的东西"诸如此类的感触。对他们来说,框架除了一系列教育课程外,也不妨将其看做是指导他们平时从哪些方面自主追求专业发展的建议,犹如对某个问题有深入探究意

---

① 托马斯·J·萨乔万尼. 道德领导:抵及学校改善的核心[M]. 冯大鸣,译. 上海:上海教育出版社,2002:46.

愿却苦于不知看哪些书的人得到了一份专家开列的必读书目。这能够为教师专业发展提供方向指引。

最后，框架对职前教师教育课程设置、教学、教材编写也有启示意义。因为虽然该框架是为在职教师教育制定的，但这并不表示框架里的这些主题是其专利，职前教师教育课程重建也需要以适当的方式将这些主题融入其中。

四、在职教师教育课程设置框架有待完善的两个问题

综上所述，可以看到，《教师教育课程标准（试行）》在在职教师教育课程设置问题上，已经考虑到诸多方面的问题，提出相应的规定和要求，也具有坚实的知识和逻辑基础。但作为一项政策文本，它天生就具有一定的保守性，因为它应该最大程度地凝聚当前学术研究和实践经验的基本共识，而不是鼓励一家之说。因此，如果我们从学术研究前沿的角度来看，《教师教育课程标准（试行）》对在职教师教育课程设置的建议框架，在创新性地总结了当前我国在这领域所取得的基本经验之外，也还存在着一些需要留待我国在这一领域整体研究和认知水平提高之后去完善的问题。

（一）在职教师教育课程设置框架的建构尚需寻求更合理的依据

进行教师教育课程改革是为了更好地促进教师专业发展，在制定教师教育课程标准的时候，我们也应该基于教师应具备的基本素质来设计在职教师的教育课程。事实上，正如前文所分析，现有的框架提出三个维度的功能指向，在这方面也是具有清晰的意识和思考的。但毋庸讳言，框架三个维度的划分主要是基于经验洞察，还说不上有牢靠的理论基础。

齐默菲尔（Zimpher，N. L.）和豪伊（Howey，K. R.）在系统考察了一般到理论知识的类型、探究方式，具体到教师、教学的概念和教师教育取向的各种学说的基础上，提出教学能力主要有技术能力、临床能力、个人能力和批判能力四种类型。[①] 这种分类框架与哈贝马斯（Habermas，J.）提出的人类存

---

① Zimpher，N. L. & Howey，K. R. . Adapting Supervisory Practices to Different Orientations of Teaching, *Journal of Curriculum and Supervision*，1987，1(2).

在"技术兴趣"、"实践兴趣"和"解放兴趣"三种基本兴趣之观点高度吻合,也令人有"一个都不能少"的认同感。显然,如果用这样一个教师能力分类框架来观照我们现有的三维功能指向,就会发现彼此确实还存在较大的差异。这再一次表明,以什么作为建构课程体系的基础始终是一个绕不开的课题。

(二)加强对面向特定教师群体的教育课程体系的构建

这主要可以从两方面来努力:一是针对不同角色教师的教育课程设置;二是针对不同发展阶段教师的教育课程设置。

不同角色教师的专业发展需求显然是不一样的。例如,新教师可能更多关注的是怎么理解和应用一些教育教学知识,而名师可能更需要知道的是作为"种子教师"怎么让其他教师发展和具备各种专业意识和能力。因此,他们对教育课程的要求是很不一样的。所以,作为引领性的政策文本,教师教育课程标准以什么形式对不同角色教师的教育课程提供一些指引,也的确是需要考虑的。就拿校长培训来说,在坚实的理论基础上建构一个较为完整的内容体系已成为可能。博尔曼(Bolman,L. G.)和迪尔(Deal,T. E.)认为组织中有结构领导、人力资源领导、政治领导及象征领导四种领导取向。① 萨乔万尼(Sergiovanni,T. J.)将校长领导力分为技术力、人力、教育力、象征力及文化力五个方面。② 郑燕祥综合上述两家之说,提出学校领导由结构领导、人性领导、政治领导、文化领导和教育领导五个向度组成。③ 我们完全可以从这个整合模式的五个向度来开发校长培训课程,因为这五个向度在不同组织理论中已有根基,并兼有教育组织的特定本质。

此外,处于职业生涯不同阶段的教师对变革有不同的关切,开发基于关切的采用模式(Concerns-Based-Adoption-Model,CBAM)之类的个别化教师

---

① Bolman,L. G. & Deal,T. E.. *Reframing Organizations*:*Artistry*,*Choice*,*and Leadership*,San Francisco:Jossey-Bass,1991:15.

② 托马斯·J·萨乔万尼. 校长学:一种反思性实践观[M]. 张虹,译. 上海:上海教育出版社,2004:119.

③ 郑燕祥. 学校效能与校本管理[M]. 上海:上海教育出版社,2002:131.

发展方案，① 也是构建以促进教师专业发展为核心的在职教师教育课程体系所面临的基本课题。就教师发展涵盖的职业周期发展、心理发展和专业能力发展三个面向之间的关系而言，有理由相信，专业能力得到发展会给职业周期发展带来正面效应。但像常见做法那样，将专业发展简单化为与心理发展无涉的扩充教学知识、技能容量，效果并不好。② 艾利奥特（Elliot，J.）认为，教师教育是一种实践科学，以帮助教师提升包括认知、人际、动机能力在内的情境理解力为目的，并为新手发展成为专家设计了一个具有鲜明经验学习性质、注重过程连续性的教师教育课程框架。③ 这无疑代表着用专业实践的新范式改造以理论驱动为特征的传统教师教育模式的努力方向。

---

① Oja，S. N. . Teachers：Ages and Stages of Adult Development，in Holly，M. L. and Mcloughlin，C. S.（Eds.）*Perspectives on Teacher Professional Development*，Basingstoke：Falmer，1989：125.

② Leithwood，K. A. . The Principal's Role in Teacher Development，in Fullan，M. and Hargreaves，A.（Eds.）*Teacher Development and Educational Change*，Basingstoke：Falmer，1992：87-95.

③ Elliot，J. . Professional Education and the Idea of a Practical Educational Science，in Elliot，J.（Ed.）*Reconstructing Teacher Education*，Basingstoke：Falmer，1993：65-83.

第十一章 《教师教育课程标准(试行)》的实施建议

　　"教师教育课程标准体现国家对教师教育机构设置教师教育课程的基本要求，是制定教师教育课程方案、开发教材与课程资源、开展教学与评价，以及认定教师资格的重要依据。"①因此，教师教育机构要落实教师教育课程标准，还有许多具体而细致的工作要做。其中，需要重点考虑的实施策略主要包括教师教育课程方案的制定与实施、教材的开发与管理、课程资源的建设与利用三个方面。

一、教师教育课程方案的制定与实施

　　"教师教育机构要依据课程标准，制定幼儿园、小学、中学教师教育课程方案，科学安排公共基础课程、学科专业课程和教师教育课程的结构比例。根据学习领域、建议模块以及学分要求，确立相应的课程结构，提出课程实施办法，制定配套的保障措施。建立课程自我评估制度，及时发现问题，总结经验，不断完善课程方案。"②依据《教师教育课程标准(试行)》，教师教育课程方案的制定、实施与完善需要做到以下几点。

---

　　① 中华人民共和国教育部. 教师教育课程标准(试行). 见本书的附录一.
　　② 同上.

(一)重视教师教育课程方案的意义

教师教育课程方案是教师教育机构为了实现相关专业的培养目标,根据《教师教育课程标准(试行)》的要求,对教师教育课程的目标、结构与内容、实施与评价、管理与保障等方面做出整体的规划与设计。教师教育课程方案的核心是将《教师教育课程标准(试行)》具体化为某类学习者的教师教育课程学习方案。因此,它对于教师教育机构、学习者都具有重要的意义。

1. 教师教育课程方案是教师教育机构课程实施水平的重要标志

教师教育课程方案是教师教育机构结合本机构的具体实际情况创造性地落实教师教育课程标准的行动指南,是教师教育机构实施教师教育课程的纲领性文件,也是教师教育机构开展课程管理与评价的制度文本。因此,科学、合理地编制教师教育课程方案是教师教育机构义不容辞的责任,也是衡量其教师教育课程实施水平的重要标志。

2. 教师教育课程方案是使学习者形成教师专业素养的课程保障

教师教育课程方案是教师教育机构根据理想教师的专业素养,结合实际情况,专门为某类学习者设计的教师教育课程学习路径,教师教育课程学习者根据此方案的要求,选择、规划适合自己的学习方案,修习相应的课程,形成专业化的理念、知识与技能。因此,教师教育课程方案是学习者制定教师教育课程学习方案的重要依据,也是使其走向教师专业化的课程保障。

(二)确立教师教育课程方案的基本思路

教师教育课程方案的制定原则是形成科学合理的课程方案的重要条件。总体而言,教师教育课程方案的制定需要把教师教育课程标准的指导思想与教师教育机构的具体教育实践相结合。

1. 基于教师教育课程标准,体现教师教育发展政策,推进教师教育改革

教师教育课程方案的制定要以促进教师专业发展为核心内容和目标,在课程方案的制定过程中要基于标准,体现政策,推进教师教育改革。首先,教师教育课程方案的制定应体现本标准的基本理念和相关要求。教师教育机构应按照相应的内容和学分等规定,结合相关学科的课程门类,整体设计必修课程和选修课程，形成与培养目标相适应的教师教育课程方案。其次，教师教育课程方案的制定要贯彻《国家中长期教育改革和发展规划纲要(2010－2020年)》和《教育部关于大力推进教师教育课程改革的意见》等相关政策文件的意见和精神，形成与教师教育实践需求相适应的教师教育课程方案。最后，教师教育课程方案的制定要以教师教育课程改革为切入点，为教师教育课程改革提供支持，从而推进教师教育事业的持续发展。

2. 基于教师教育课程改革的实践，推进教师教育机构持续发展

教师教育课程方案的制定要以教师教育机构的课程实践为基础，以教师教育机构的持续发展为动力。对教师教育机构而言，教师教育课程方案的制定过程，既是教师教育课程标准具体化的过程，也是自身发展的过程。在制定课程方案的过程中，教师教育机构可以采用SWOT分析方法①，根据教师教育机构自身内在条件进行分析，找出教师教育机构自身的优势、劣势以及核心竞争力所在，进而找到机构本身发展的突破口和生长点。

3. 基于教师教育领域的相关研究，提升教师教育课程改革的专业理解

对于教师教育机构而言，教师教育课程方案的制定也需要基于教师教育领域相关的研究成果对教师教育课程形成专业的理解。从这个角度来讲，教师教育课程方案的研制过程也是教师教育课程方案生成的过程。课程方案的形成需要基于教师教育课程标准以及教师教育课程改革的目标，在分析教师教育自身所面临的问题和挑战的基础上，进行专题研究形成解决问题的方案。这个过程是一个行动研究的过程，也是教师教育课程方案研制团队在集思广益的基础上不断生成对教师教育课程的专业化理解的过程。

(三)编制教师教育课程方案的文本

如何编制教师教育课程方案的文本是制定教师教育课程方案的关键。一

---

① SWOT分析方法是一种企业战略分析方法，即根据企业自身的既定内在条件进行分析，找出企业的优势、劣势及核心竞争力所在。其中S代表strength(优势)，W代表weakness(弱势)，O代表opportunity(机会)，T代表threat(威胁)。其中，S、W是内部因素，O、T是外部因素。按照企业竞争战略的完整概念，战略应是一个企业"能够做的"(即组织的强项和弱项)和"可能做的"(即环境的机会和威胁)之间的有机结合。

般来说，教师教育课程方案需要考虑以下几个要素：(1)方案制定的背景、依据和目的；(2)教师教育课程目标；(3)课程结构、模块设置和学分配置；(4)课程实施与评价建议；(5)管理与保障。

(四)形成教师教育课程方案的评价与改进机制

教师教育课程的实施过程从某种程度上说是一个制定与完善教师教育课程方案的过程。在这个过程中课程方案评价与改进是决定教师教育课程方案质量的一个重要环节。教师教育课程方案的评价与改进机制的形成能够改进、修正、发展课程方案，同时能够促进教师教育的课程方案与教师教育的实践过程保持一致，进而更好地指导教师教育机构开发基于实践需求的教师教育课程。因此，必须建立相应的评价与改进机制来规范和保障教师教育课程方案的品质，服务于教师教育事业。对教师教育机构而言，要形成良性的教师教育课程方案的评价与改进机制需要做到以下两点。

1. 建立追踪评估制度

教师教育机构应根据教育发展和社会进步对教师专业素养的新要求，以及实施中摸索和积累起来的经验和存在的问题，定期评估和修订课程方案，以此调动教师教育者的教学积极性，促进课程建设和教学质量的稳定与提高。因此，教师教育机构应着力研究，形成基于标准而同时又适切于自身特点的评估指标，及时了解在课程方案的实施过程中出现的各种问题，善于总结和推广优秀的经验和实践，规范相关部门和负责人员在课程实施中的行为。

2. 督导与专业机构诊断问题

就教师教育课程方案的评价与改进机制而言，需要有组织作为评价与改进的保障。上级教育行政部门应该成立教师教育课程方案的督导机构，专门负责监管与推进各教师教育机构课程方案的制定与实施进程。在此基础上，教育督导能够基于各个教师教育机构教师教育课程方案的实施状况来提出适合其专业发展的意见与建议。同时，教师教育机构还可以借助第三方中介机构的专题研究报告来具体诊断教师教育课程在实施过程中的问题。针对具体的专题研究，可以采用问卷调查、座谈与访谈、课堂观察等多种方式，保证信息搜集的客观、有效。

二、教师教育教材的开发与管理

一直以来，教师教育领域没有统一的课程标准，各个教师教育机构大多根据各自的培养目标规划相关的课程方案，并据此来建设教材。虽然不同的教师教育机构办学水平不一，教材建设也参差不齐，但教师教育的课程与相应的教材基本上受制于国家的宏观调控与行政指令，更多地显示出课程与教材建设的某些一致性。总体而言，教师教育教材呈现出三种主要的特征：学科本位、知识本位与教师本位。这三种特征归结起来，就是坚持以教师为导向呈现教材，从教师的需求出发，而不是从学习者的需求出发。可以说，目前使用的教师教育教材归根结底是"教材"，而不是"学材"。

《教师教育课程标准(试行)》对教师教育课程作出了新的解释与规定，提出了指向教师专业发展的课程设置框架。这种变化势必会引发教师教育教材的变革，要求开发符合教师教育课程标准的新教材，以适应新的形势与教师教育课程发展的需求。总体而言，新的教师教育教材需要从"教材"转变为"学材"。基于这种需求，新的教师教育教材的开发与利用应从以下几点入手。

(一)厘清教师教育教材的理念

目前教师教育教材建设出现的一些不良倾向，追溯其深层原因，不外乎教材理念的偏差，受到传统教材观念的影响，重点在于传递按逻辑结构组织起来的学科知识。如果这种旧的教材观念不能得到根本的改变，教材建设难以有较大程度的改观。所以，我们必须重新厘清教师教育教材的理念，以统摄新教材的开发与建设。《教师教育课程标准(试行)》倡导育人为本、实践取向、终身学习的理念，要求新教材的内容选择和呈现方式应充分考虑学习者的需要和特点，及时反映教育教学改革和发展的实践要求，注重问题解决和案例研究，培养学习者自主学习的意识和能力，为教学创新提供专业支持。这就意味着，教师教育教材要从以教师中心走向以学习者为本，真正成为引起某种关系理解与学习者智慧活动的辅助性材料。

这样的"学材"理念，具体表现在三个方面。

第一，坚持以学习者为导向呈现教材，促使"以学定教"的实现。教材是学习者的对话文本，要为学习者创设理解与思考的空间，使学习者产生对未知世界的期待和憧憬，并引发学习的热情。教材需要发挥方法的、激活思维的以及策动创造热情的功能，为学习者提供丰富的、与学习者生活背景与教育经历有关的素材，从学习者已有的经验和兴趣出发并体现这种经验与兴趣，让学习者亲身体验探索、思考和研究的过程。教材要提示多样化的拓展学习的方向，表明学习不只为了求得正确的结果，允许开放的学习结果，并为此提供这种学习所需要的信息源。

第二，诱导学习者学会"像教育学家一样思考"，形成专业的判断。教师教育教材要激励、引发学习者学习教育学家的思维方式，像教育学家一样思考教育问题。教育是一门实践性很强的专业，它不像简单的解题，也不像纯粹的理论推演，它面对鲜活的教育生活与事件，需要丰富的实践智慧来应对各种教育境遇。像教育学家那样思考，绝不是意味着了解一些概念和分析工具，它是一种观察有关形势、事件、决策以及行为的特殊方式。让学习者学会像教育学家那样思考的重要途径是让他们尝试着把教育学应用到各种各样的问题当中——其中有许多是他们所特别感兴趣的。只有把教育学应用于教育生活中的每一事件中，才能学会教育学家的思维方式。所以教材应该关注现实中的教育现象与问题，把这些内容反映到文本中来，把它置于一定的情境脉络中，创设相关的问题情境，或设计真实的教育案例，向学习者提供一条检查和重组其知识与理解的途径，使学习者在理论与实践之间建立起最重要的联系，形成专业的思考与判断。

第三，促进学习者形成"大观念"，而不是记住结论性知识。在知识经济时代，记住多少定论的知识已显得不重要，重要的是掌握获取知识的方法以及理解所获得知识间的关系，进而形成用于组织和表征知识的概念图，用概念图去捕捉、吸纳新的知识及其网络。用概念图形象地呈示章节内容的组织路线、概念链或问题链，给学习者以学习的全程图景，是学材设计与编写的通用方式。教师教育教材要运用这种方式去组织、呈现学习材料，促使学习者形成"大观念"，便于掌握章节要旨，理解全书的精髓，而不停留于片断知识的掌握或具体事实的解释。

(二)基于标准建设教师教育新教材

《教师教育课程标准(试行)》是国家对教师教育课程的基本规范和要求，是国家管理和评价课程的依据，也是教材编写、评价的依据，更是教学的重要依据。《教师教育课程标准(试行)》对不同的学习者设置了相应的课程框架，建构了学习领域与课程的建议模块，对教材开发提出了指导性的实施建议。基于标准开发教师教育教材就要充分体现课程标准的核心思想，以"学材"理念为导向，针对不同的学习群体分层分类编写新教材。其中必修课程的教材编写应参照《标准》规定的基本视点及课程设置要求，反映相关领域的最新研究成果，特别是儿童研究、学习科学、信息技术等方面的新进展。选修课程的教材编写应结合学科特点与学习者的需求，强化拓展性、针对性和灵活性。

(三)健全教师教育教材使用的管理机制

新教材的编写、选择与使用要坚持编审分开、推荐选用的原则，教育行政部门应建立公开竞标和专家评审机制，吸引优秀的专业人员编写教材，组织有关专家审查和评选优质教材，供教师教育机构选用。教师教育机构、教师教育者也要为教材的建设贡献专业智慧。教师教育机构应结合本机构的实际，建立或健全教材管理机制，加强教材制度建设，引导教师选择优秀教材，深化对教材使用的督导与评估。教师要学会用教材教，改变教学方式，鼓励学习者的参与和自我建构，使教材成为与学习者对话的文本。

(四)研制教师教育新教材标准，规范、引导教材编写

如果说基于课程标准来建设教材是方向性的、原则性的、指导性的，那么基于课程标准来研发教师教育新教材的标准，以此规范教材的编写，以此作为评价教材的依据，则是改进教材建设的具体策略。教师教育新教材标准的研制一方面要秉承教师教育课程标准的理念，在充分考察我国教师教育教材建设的现状和问题的基础上研究而成。另一方面，还应该借鉴其他国家教师教育教材建设的经验，通过比较和分析，吸取共同点，从教材反映的信息、教材的具体呈现、教材的版式等方面建构新教材标准。

三、教师教育课程资源的建设与利用

当前,我国教师教育课程资源建设的总体状况与教师教育改革和发展的形势要求相比,还有相当大的差距。其中比较突出的问题是:课程资源意识淡薄、表达形式单一;与中小学和幼儿园教师专业发展的实际需要相脱节;缺乏前瞻性和统筹协调,低水平重复建设现象比较严重;对课程资源的研究力度不够,普遍缺乏高水平研究成果的支持。在教师教育课程的教学过程中,教师教育者开发和利用课程资源的积极性和创造性未能得到有效的支持和激励,致使教师教育课程的教学过程明显缺乏理论联系实际、缺乏反映时代特点的鲜活案例,学习者的教师专业发展能力和水平缺乏充分的保障和有效的提升。适应教师教育课程改革的要求,教师教育课程资源的建设与利用,需要做到以下几点。

(一)构建教师教育课程资源的概念框架

要构建教师教育课程资源的概念框架,就必须澄清教师教育课程资源的概念,理解课程资源对于教师教育课程改革的意义,并且把课程资源建设纳入教师教育课程改革计划。

1. 重建课程资源的概念

长期以来,教师教育课程资源的开发和利用往往局限于教材、讲义层面的"照本宣科",课程资源的概念和意义被大大地窄化了。因此,要解决当前教师教育课程资源建设中存在的问题,更好地开发和利用教师教育课程资源,就必须对教师教育的课程资源进行概念重建,建立切实有效的分析框架,提高教师教育课程资源的认识水平,丰富教师教育课程资源的实践意义。

广义的课程资源指有利于实现课程目标的各种因素,狭义的课程资源仅指教学内容的直接来源。如果折中一点,课程资源可以理解为形成课程的因素来源与实施课程必要而直接的条件。按照这样的理解,可以把课程资源分为素材性课程资源与条件性课程资源。素材性资源的特点是作用于课程,并且能够成为课程的素材或来源,它是学习者学习和收获的对象。比如,作为教师专业发展的知识、技能、经验、活动方式与方法、情感态度和价值观以及培养目标等方面的因素，就属于素材性课程资源。条件性资源的特点是作用于课程却并不是形成课程本身的直接来源，并不是学习者学习和收获的直接对象，但它在很大程度上决定着课程的实施范围和水平。比如，直接决定教师教育课程实施范围和水平的人力、物力和财力，时间、场地、媒介、设备、设施和环境等因素，就属于条件性课程资源。现实中的许多课程资源往往既包含着课程的素材，也包含着课程的条件，比如图书馆、博物馆、实验室、互联网、人力和环境等资源就是如此。

由于划分标准的不同，课程资源还可以划分出许多不同的类型。教师教育机构和教育者可以根据自身课程资源建设面临的主要问题和解决问题的实际需要，来建立最有价值的教师教育课程资源的分析框架。

2. 理解课程资源对于推动和深化教师教育课程改革的意义

在教师教育课程改革和发展的规划中，引入和扩展课程资源的观念和视野，特别是引入和扩展动态生成的课程资源的观念和视野，为寻求教师教育课程改革的生长点和突破口、不断改进现实中的教师教育实践提供了新的方向和思路。

课程资源的观念特别是素材性课程资源的观念丰富了我们对于课程与教学的理解，为我们推动和深化教师教育课程改革提供了新的视角。在课程资源的观念指导下，学习的内容不仅来自于教材，也来自于和老师、同学的交往，还有各种媒体及日常生活，即凡是能让学习者获得促进教师专业发展的知识、信息、经验、感受等及其多样化的载体与渠道都可以是学习的资源。与过去那种只关心知识教学中的考试重点与难点的学习过程相比，学习者的经验、感受、见解、智慧、问题、困惑等都成了重要的课程资源，学习者的问题与困惑受到重视，教学由教师教育者控制的预设过程变成了师生共同建设、共同发展的过程，原来的线性模式变成了一个动态生成的过程，课堂变得富有生机和活力。

为此，我们需要从理论和实践研究上给予高度的重视，加大力度，持续地推动教师教育课程资源的深化研究，进一步强化和提高开发和利用课程资源的意识和能力，奠定教师教育课程资源建设的理论和技术基础。只有根本性的理论和实践问题获得研究成果上的突破,才可能推动和促进课程改革实践上的进步和发展,使教师教育机构的课程资源建设更具针对性和前瞻性。

3. 课程资源建设必须纳入教师教育课程改革计划

《教师教育课程标准(试行)》的贯彻和落实,必须有课程资源的支持。因此,课程资源的建设必须纳入课程改革计划,加强组织和协调,以便在政策上保证各种课程资源及其责任主体能够得到落实,保证为教师教育分配足够的基本资源,使其达到实施教师教育课程标准的起码要求,包括提供足够的教师教育者、课程学习时间、教学材料和设备设施、适当而安全的场所和社区。课程改革计划还必须充分考虑到课程资源消耗、补充、维护和更新所需要的投入,要进行课程成本管理。

总之,必须在教师教育系统层面、机构层面和教师教育者层面建立相应的制度和机制,使教师教育课程资源的合理开发和有效利用得到课程政策上的保障和支持,保证教师教育课程资源建设从系统决策的宏观层面、机构发展规划的中观层面到教育者课堂教学的微观层面都能够得到很好的落实。

(二)在条件性课程资源与素材性课程资源之间保持动态平衡

近年来,教师教育机构在硬件设备设施等条件性课程资源建设上普遍比较重视,有了相当大的改善。但是,有一个问题应该引起重视,那就是要注意保持条件性课程资源与素材性课程资源之间的动态平衡。

1. 条件性课程资源的建设要适度

对于条件性课程资源而言,必须首先保证教师教育课程实施最基本的时间和空间,比如基本的安全而必需的场地、物资和设备等,这是前提条件。在具备了这些基本的前提条件之后,条件性课程资源的建设则要量力而行,不可盲目拔高要求。条件性课程资源的过度建设,不仅会增加不必要的课程成本,而且会破坏条件性课程资源与素材性课程资源的动态平衡,忽视甚至埋没大量素材性课程资源。当前,那种为追求一时的政绩和表面效应而过分热衷于条件性课程资源建设、忽略更为长远的素材性课程资源建设的做法,应该引起我们的高度警惕。须知,现代化的教师教育系统是由具有现代教育观念的教师教育队伍来支撑的,而绝不是徒有形式的现代化物质外壳。

2. 素材性课程资源的建设要作为一项长期的基础性工作

无论是素材性课程资源还是条件性课程资源，对于课程目标的实现都是非常重要的，但有一个轻重缓急的问题。我们必须优先确认和重点建设那些居于主导地位、对于提高教师教育课程实施质量和水平具有决定意义的课程资源。

与条件性课程资源的开发和利用相比，素材性课程资源的开发和利用对于提高教师教育的质量更具决定意义，有更大的丰富性、灵活性和创造空间。所以，教师教育课程改革的一个重要的课题是，保持条件性课程资源与素材性课程资源之间的动态平衡，在保证基本的条件性课程资源的基础上，要更多地加强素材性课程资源的建设，全面体现教育现代化的丰富内涵，并且把素材性课程资源建设作为一项长期的基础性工作常抓不懈。

3. 高度重视教学过程中动态生成的素材性课程资源

在素材性课程资源的开发和利用中，教师教育者要重视与学习者的参与式互动，重视多方的表达与交流机会，重视增加影视资源、网络资源、实用案例等多元化的资源形式。特别是，要高度重视教学过程中动态生成的素材性课程资源的开发和利用问题。

应该看到，书本上的知识是重要的课程资源，具有客观属性，是教师教学和学习者学习的对象，对此我们仍然必须重视。但同时，知识也具有主观属性，是人类主观认识的成果，因而也可以是在教学过程中共同建构起来的。仅仅把知识当作纯粹的客观对象来学习的时候，很容易把学习者学习的知识演变为固定不变的唯一结论或真理，导致教学过程成为一个简单的传授标准答案的过程。

事实上，一个教学过程，一旦缺少了真诚的交流，缺少了相互的理解与感动，也就丧失了它应有的生机和活力，更为糟糕的可能是甚至丧失它应有的教育价值，成为浪费时间和生命的过程。即使从价值引导的角度看，教学应该关注的是，让学习者知道书本上的知识以及对于知识的理解与感受只是一部分人的理解与感受，每个人都可以有自己的理解与感受。而且，表达自己的理解与感受，是建立在倾听和尊重他人包括课本上提供的知识基础之上的。学习者在表达自己的理解与感受时,要同时学会倾听、尊重和分享别人的理解与感受,善于从别人的认识成果中获取启示。

教师教育课程的教学过程,除了具有学习客观知识的特点之外,还应该成为广大教师教育者和学习者共同建构知识和人生的生活和创造过程。只有当他们的生活、经验、智慧、理解、问题、困惑、情感、态度、价值观等素材性课程资源能够真实地进入课程、进入教学过程的时候,教师教育者和学习者才会真实地感受到教学过程是他们的人生过程,是他们生命的有机组成部分,教学才有可能真正地促进学习者的健康成长和健全发展,才有可能不断地提高教师的专业发展水平,才有可能普遍地恢复它应有的生机和活力。

(三)重视教师教育者在课程资源建设中的主体地位

无论什么样的课程资源,最终都必须落实到教师教育者身上才能发挥应有的作用,所以必须重视教师教育者在课程资源建设中的主体作用。

1. 对于教师教育而言,教师教育者是最重要的课程资源

在教师教育课程资源中,教师教育者是起着主导和决定性作用的因素。因为他们不仅决定着课程资源的鉴别、开发、积累和利用,是素材性课程资源的重要载体,而且他们自身就是课程实施的首要的、基本的条件性资源。从这个意义上讲,教师教育者是最为重要的教师教育课程资源。因此,在教师教育课程资源建设过程中,要始终把教师教育队伍建设放在首位,通过教师教育者自身这一最重要的课程资源的突破来带动其他课程资源的优化发展。教师教育队伍建设是开发和利用教师教育课程资源最长期和最核心的工作,也是反映教师教育机构办学质量和办学水平的最主要的环节,是开发和利用课程资源的重要突破口和生长点。

2. 重视教师教育者的主体地位

毫无疑问,学习者的教师专业发展必须依靠高水平的教师教育者,教师教育者必须做好准备以便能给在能力、需要、经验和学习方法等方面各有不同的学习者提供优质的教学。同时,教师教育者自身也应该获得充分的专业发展机会,提高有效教学的能力。用于这种专业发展的资金和时间,应该成为教师教育预算的一个重要部分。这方面的规划、投入和组织对于教师教育机构和学习者的长远发展是具有决定性意义的，所以教师教育机构在教师教育的师资队伍建设问题上应该树立高度的历史责任感，同时要为教师教育者提供多样化的研修渠道和平台，引导和激励他们通过多种途径开发和利用课程资源，不断提高专业发展水平。

当前，教师教育者在自身能力建设方面，需要根据实际情况，着重解决好以下几个方面的问题：(1)探索符合学习者兴趣爱好的教学活动方式、教学手段和教学工具；(2)研究和确定学习者的发展基础以及相应的教学材料和要求，特别是问题解决的策略和实用案例；(3)安排学习者参观学习和从事实践活动；(4)总结和反思教学经验；(5)运用现代教育技术优势，充分发挥计算机网络资源的作用。

(四)优化教师教育课程资源的共建共享机制

教师教育必须通过优化课程资源的共建共享机制，才能提高教师教育课程实施的效益和水平。

1. 对课程资源进行跨学科、跨部门整合

教师教育机构要打破学科和部门限制，对内部的课程资源进行整合，提高使用效率。尤其是，要充分发挥图书馆、实验室、专用教室及各类教学设施和实践基地的作用，在服务时间、服务方式和使用效率上不断调整和完善，以适应学习者日益个性化的学习需要，做到物尽其用和一物多用。同时，实行跨学科和跨部门的开放式课程选修，倡导因地制宜、因陋就简和师生共同创造性地开发和利用各种课程资源，鼓励学习者之间、师生之间交流各种学习资源。

2. 加强与社区和其他机构之间的合作交流

教师教育课程资源建设要走特色化的发展道路，避免低水平重复建设的现象。一方面要善于合理发掘和运用社区及其他机构的各种社会资源以及丰富的自然资源。另一方面，应该根据教学实际情况和学习者发展的具体需要，积极利用和开发信息化的课程资源，有效发挥各种公众网络的资源价值，对于机构内部的课程资源也应该有选择地向社区和其他机构辐射。例如，可以在特色课程、专业教师以及场地设施等课程资源方面广泛地开展合作，互通

有无,优势互补,实现优质教师教育资源的共建共享。同时,还需要建立相应的经验交流和合作研讨机制,定期和不定期地开展教学经验交流和办学思想研讨等活动。

教师教育机构和教师教育者要积极参与开发多样化的教师教育课程资源,及时反映幼儿园、小学和中学全面推进素质教育的最新研究成果和实践进展,推进职前和在职教师教育的一体化进程。

3. 建立和激活教师教育课程资源的公共服务平台

教师教育要建立课程资源管理数据库,拓宽课程资源及其研究成果的分享渠道,提高使用效率。可以根据实际情况,编制各种各样的教师教育课程资源登记表,把课程资源的类型、所有者、获取方式、开发动态和使用事项等登记造表,分类存档,归口管理,一方面便于查找、调用、更新和补充;另一方面,据此可以不断提高课程资源的开发和利用水平,更好地创造和积累课程资源建设的经验,实现课程资源更大范围的交流和分享。

从技术层面来讲,网络技术的发展开始逐渐打破教师教育课程资源的机构界限,从而在很大程度上使得课程资源特别是素材性课程资源的广泛交流和共享成为可能,内部课程资源和外部课程资源相互转化的可能性和优越性越来越大了。例如,依靠和激活"全国教师教育网络联盟计划"等公共服务平台,发挥现代教育技术优势,建立课程资源共享机制,提高使用效率,更好地实现教师教育课程资源的共建共享。

此外,对于教师教育课程资源的公共服务平台乃至整个教师教育发展来说,还有一个非常重要的任务,那就是要加强教师教育课程资源的基础理论和应用研究,为教师教育课程改革和发展提供思想资源、技术保障和智力支持。

附录一　教师教育课程标准(试行)

　　为落实教育规划纲要，深化教师教育改革，规范和引导教师教育课程与教学，培养造就高素质专业化教师队伍，特制定《教师教育课程标准(试行)》。

　　教师教育课程广义上包括教师教育机构为培养和培训幼儿园、小学和中学教师所开设的公共基础课程、学科专业课程和教育类课程。本课程标准专指教育类课程。

　　教师教育课程标准体现国家对教师教育机构设置教师教育课程的基本要求，是制定教师教育课程方案、开发教材与课程资源、开展教学与评价，以及认定教师资格的重要依据。

一、基本理念

(一)育人为本

　　教师是幼儿、中小学学生发展的促进者，在研究和帮助学生健康成长的过程中实现专业发展。教师教育课程应反映社会主义核心价值观，吸收研究新成果，体现社会进步对幼儿、中小学学生发展的新要求。教师教育课程应引导未来教师树立正确的儿童观、学生观、教师观与教育观，掌握必备的教育知识与能力，参与教育实践，丰富专业体验；引导未来教师因材施教，关心和帮助每个幼儿、中小学学生逐步树立正确的世界观、人生观、价值观，培养社会责任感、创新精神和实践能力。

(二)实践取向

教师是反思性实践者，在研究自身经验和改进教育教学行为的过程中实现专业发展。教师教育课程应强化实践意识，关注现实问题，体现教育改革与发展对教师的新要求。教师教育课程应引导未来教师参与和研究基础教育改革，主动建构教育知识，发展实践能力；引导未来教师发现和解决实际问题，创新教育教学模式，形成个人的教学风格和实践智慧。

(三)终身学习

教师是终身学习者，在持续学习和不断完善自身素质的过程中实现专业发展。教师教育课程应实现职前教育与在职教育的一体化，增强适应性和开放性，体现学习型社会对个体的新要求。教师教育课程应引导未来教师树立正确的专业理想，掌握必备的知识与技能，养成独立思考和自主学习的习惯；引导教师加深专业理解，更新知识结构，形成终身学习和应对挑战的能力。

二、教师教育课程目标与课程设置

(一)幼儿园职前教师教育课程目标与课程设置

幼儿园职前教师教育课程要帮助未来教师充分认识幼儿阶段的特性和价值，理解"保教结合"的重要性，学会按幼儿的成长特点进行科学的保育和教育；理解幼儿的认知特点和学习方式，学会把教育寓于幼儿的生活和游戏中，创设适宜的教育环境，保护与发展幼儿探究、创造的兴趣，让幼儿在愉快的幼儿园生活中健康地成长。

1. 课程目标

目标领域	目标	基本要求
1. 教育信念与责任	1.1 具有正确的儿童观和相应的行为	1.1.1 理解幼儿阶段在人生发展中的独特地位和价值,认识健康愉快的幼儿园生活对幼儿发展的意义。 1.1.2 尊重和维护幼儿的人格和权利,保护幼儿的好奇心和自信心。 1.1.3 尊重幼儿的个体差异,相信幼儿具有发展的潜力,乐于为幼儿创造发展的条件和机会。
	1.2 具有正确的教师观和相应的行为	1.2.1 理解教师是幼儿学习的引导者和支持者,相信教师工作的意义在于帮助幼儿健康成长。 1.2.2 了解幼儿园教师的职业特点和专业要求,自觉提高自身的科学与人文素养,形成终身学习的意愿。 1.2.3 了解教师的权利和责任,遵守教师职业道德。
	1.3 具有正确的教育观和相应的行为	1.3.1 理解教育对幼儿成长、教师自身发展和社会进步的重要意义,相信教育充满了创造的乐趣,愿意从事幼儿教育事业。 1.3.2 了解幼儿教育的历史、现状和发展趋势,认同素质教育理念,理解并参与教育改革。 1.3.3 形成正确的教育质量观,对与幼儿教育相关的现象进行专业思考与判断。
2. 教育知识与能力	2.1 具有理解幼儿的知识和能力	2.1.1 了解儿童发展的主要理论和儿童研究的最新成果。 2.1.2 了解儿童身心发展的一般规律和影响因素,熟悉幼儿年龄阶段特征和个体发展的差异性。 2.1.3 了解幼儿认知发展、学习方式的特点及影响因素,熟悉幼儿建构知识、获得技能的过程。 2.1.4 了解幼儿情感、社会性发展的特点,熟悉幼儿品德和行为习惯形成的过程和规律。 2.1.5 掌握观察、谈话、倾听、作品分析等基本方法,理解幼儿发展的需要。 2.1.6 了解幼儿期常见疾病、发展障碍、学习障碍的基础知识和应对方法。 2.1.7 了解我国教育的政策法规,熟悉关于儿童权利的内容以及维护儿童合法权益的途径。

续表

目标领域	目标	基本要求
2.教育知识与能力	2.2 具有教育幼儿的知识和能力	2.2.1 了解我国幼儿园教育的目标和任务,熟悉健康、语言、社会、科学、艺术等各领域的教育目标,学会以此指导自己的学习和实践。 2.2.2 了解幼儿教育的基本原理,理解整合各领域的内容、综合地实施教育活动的重要性,学会设计和实施幼儿教育活动。 2.2.3 了解幼儿的生活经验,学会利用实践机会,积累引导幼儿在游戏等活动中建构知识、发展创造力的经验。 2.2.4 掌握照顾幼儿健康地、安全地生活的基本方法和技能。 2.2.5 了解教育评价的理论与技术,学会通过评价改进活动与促进幼儿发展。 2.2.6 了解与家庭、社区沟通的重要性,学会利用和开发周围的资源,创设有利于幼儿发展的环境。 2.2.7 掌握幼儿心理健康教育的基本知识,学会处理幼儿常见行为问题。 2.2.8 了解0~3岁保育教育的有关知识和婴儿保育教育的一般方法。 2.2.9 了解小学教育的有关知识和幼小衔接的一般方法。
	2.3 具有发展自我的知识与能力	2.3.1 了解教师专业素养的核心内容,明确自身专业发展的重点。 2.3.2 了解教师专业发展的阶段与途径,熟悉教师专业发展规划的一般方法,学会理解与分享优秀教师的成功经验。 2.3.3 了解教师专业发展的影响因素,学会利用以课程学习为主的各种机会,积累发展经验。
3.教育实践与体验	3.1 具有观摩教育实践的经历与体验	3.1.1 结合相关课程学习,观摩幼儿的生活和教育活动的组织与指导,了解幼儿园教育的规范与过程,感受不同的教育风格。 3.1.2 深入幼儿园和班级,参与幼儿活动,获得与幼儿直接交往的体验。 3.1.3 了解幼儿园保教工作的特点和幼儿园各部门工作的职责和要求,感受幼儿教育实践的丰富性和复杂性。
	3.2 具有参与教育实践的经历与体验	3.2.1 了解实习班级幼儿的实际情况,在指导下设计教育活动方案,组织一日活动,获得对教育过程的真实感受。 3.2.2 参与各种教研活动,获得与幼儿园教师直接对话或交流的机会。 3.2.3 与家庭和社区合作,提高沟通能力,获得共同促进幼儿发展的实践经历与体验。 3.2.4 参与不同类型的幼教机构活动和幼儿教育实践活动。

续表

目标领域	目标	基本要求
3.教育实践与体验	3.3 具有研究教育实践的经历与体验	3.3.1 在日常学习和实践过程中积累所学所思所想，形成问题意识和一定的解决问题的能力。 3.3.2 了解研究教育实践的一般方法，经历和体验制订计划、开展活动、完成报告、分享结果的过程。 3.3.3 参与各种类型的科研活动，获得科学地研究幼儿的经历与体验。

2. 课程设置

学习领域	建议模块	学分要求		
		三年制专科	五年制专科	四年制本科
1. 儿童发展与学习	儿童发展；幼儿认知与学习；特殊儿童发展与学习等。	最低必修学分40学分	最低必修学分50学分	最低必修学分44学分
2. 幼儿教育基础	教育发展史略；教育哲学；课程与教学理论；学前教育原理等。			
3. 幼儿活动与指导	幼儿游戏与指导；教育活动的设计与实施；幼儿健康教育与活动指导；幼儿语言教育与活动指导；幼儿社会教育与活动指导；幼儿科学教育与活动指导；幼儿艺术教育与活动指导；0～3岁婴儿的保育与教育；幼儿园教育环境创设；幼儿园教育评价；教育诊断与幼儿心理健康指导等。			
4. 幼儿园与家庭、社会	幼儿园组织与管理；幼儿园班级管理；家庭与社区教育；教育资源的开发与利用；幼儿教育政策法规等。			
5. 职业道德与专业发展	教师职业道德；教育研究方法；师幼互动方法与实践；教师专业发展；教师语言技能；音乐技能；舞蹈技能；美术技能；现代教育技术应用等。			
6. 教育实践	教育见习；教育实习等。	18 周	18 周	18 周
教师教育课程最低总学分数(含选修课程)		60学分+18周	72学分+18周	64学分+18周

说明：
(1)1学分相当于学生在教师指导下进行课程学习18课时，并经考核合格。
(2)学习领域是每个学习者都必修的；建议模块供教师教育机构或学习者选择或组合，可以是必修也可以是选修；每个学习领域或模块的学分数由教师教育机构按相关规定自主确定。

(二)小学职前教师教育课程目标与课程设置

小学职前教师教育课程要引导未来教师理解小学生成长的特点与差异，学会创设富有支持性和挑战性的学习环境，满足他们的表现欲和求知欲；理解小学生的生活经验和现场资源的重要意义，学会设计和组织适宜的活动，指导和帮助他们自主、合作与探究学习，形成良好的学习习惯；理解交往对小学生发展的价值和独特性，学会组织各种集体和伙伴活动，让他们在有意义的学校生活中快乐成长。

1. 课程目标

目标领域	目标	基本要求
1.教育信念与责任	1.1 具有正确的学生观和相应的行为	1.1.1 理解小学阶段在人生发展中的独特地位和价值，认识生动活泼的小学生活对小学生发展的意义。 1.1.2 尊重学生学习和发展的权利，保护学生的学习兴趣和自信心。 1.1.3 尊重学生的个体差异，相信学生具有发展的潜力，乐于为学生创造发展的条件和机会。
	1.2 具有正确的教师观和相应的行为	1.2.1 理解教师是学生学习的促进者，相信教师工作的意义在于创造条件帮助学生快乐成长。 1.2.2 了解小学教师的职业特点和专业要求，自觉提高自身的科学和人文素养，形成终身学习的意愿。 1.2.3 了解教师的权利和责任，遵守教师职业道德。
	1.3 具有正确的教育观和相应的行为	1.3.1 理解教育对学生成长、教师专业发展和社会进步的重要意义，相信教育充满了创造的乐趣，愿意从事小学教育事业。 1.3.2 了解学校教育的历史、现状和发展趋势，认同素质教育理念，理解并参与教育改革。 1.3.3 形成正确的教育质量观，对与学校教育相关的现象进行专业思考与判断。

目标领域	目标	基本要求
2. 教育知识与能力	2.1 具有理解学生的知识与能力	2.1.1 了解儿童发展的主要理论和儿童研究的最新成果。 2.1.2 了解儿童身心发展的一般规律和影响因素，熟悉小学生年龄特征和个体发展的差异性。 2.1.3 了解小学生的认知发展、学习方式的特点及影响因素，熟悉小学生建构知识、获得技能的过程。 2.1.4 了解小学生品德和行为习惯形成的过程，了解小学生的交往特点，理解同伴交往对小学生发展的影响。 2.1.5 掌握观察、谈话、倾听、作品分析等方法，理解小学生学习和发展的需要。 2.1.6 了解我国教育的政策法规，熟悉关于儿童权利的内容以及维护儿童合法权益的途径。
	2.2 具有教育学生的知识与能力	2.2.1 了解小学教育的培养目标，熟悉至少两门学科的课程标准，学会依据课程标准制定教学目标或活动目标。 2.2.2 熟悉至少两门学科的教学内容与方法，学会联系小学生的生活经验组织教学活动，将教学内容转化为对小学生有意义的学习活动。 2.2.3 了解学科整合在小学教育中的价值，了解与小学生学习内容相关的各种课程资源，学会设计综合性主题活动，创造跨学科的学习机会。 2.2.4 了解课堂组织与管理的知识，学会创设支持性与挑战性的学习环境，激发学生的学习兴趣。 2.2.5 了解课堂评价的理论与技术，学会通过评价改进教学与促进学生学习。 2.2.6 了解课程开发的知识，学会开发校本课程，设计、实施和指导简单的课外、校外活动。 2.2.7 了解班队管理的基本方法，学会引导小学生进行自我管理和形成集体观念。 2.2.8 了解小学生心理健康教育的基本知识，学会诊断和解决小学生常见学习问题和行为问题。 2.2.9 掌握教师所必需的语言技能、沟通与合作技能、运用现代教育技术的技能。

目标领域	目标	基本要求
2. 教育知识与能力	2.3 具有发展自我的知识与能力	2.3.1 了解教师专业素养的核心内容,明确自身专业发展的重点。 2.3.2 了解教师专业发展的阶段与途径,熟悉教师专业发展规划的一般方法,学会理解与分享优秀教师的成功经验。 2.3.3 了解教师专业发展的影响因素,学会利用以课程学习为主的各种机会积累发展经验。
3. 教育实践与体验	3.1 具有观摩教育实践的经历与体验	3.1.1 结合相关课程学习,观摩小学课堂教学,了解课堂教学的规范与过程。 3.1.2 深入班级,了解小学生群体活动的状况以及小学班级管理、班队活动的内容和要求,获得与小学生直接交往的体验。 3.1.3 密切联系小学,了解小学的教育与管理实践,获得对小学工作内容和运作过程的感性认识。
	3.2 具有参与教育实践的经历与体验	3.2.1 在有指导的情况下,根据小学生的特点和教学目标设计与实施教学方案,经历1～2门课程的教学活动。 3.2.2 在有指导的情况下,参与指导学习、管理班级和组织班队活动,获得与家庭、社区联系的经历。 3.2.3 参与各种教研活动,获得与其他教师直接对话或交流的机会。
	3.3 具有研究教育实践的经历与体验	3.3.1 在日常学习和实践过程中积累所学所思所想,形成问题意识和一定的解决问题能力。 3.3.2 了解研究教育实践的一般方法,经历和体验制订计划、开展活动、完成报告、分享结果的过程。 3.3.3 参与各种类型的科研活动,获得科学地研究学生的经历与体验。

2. 课程设置

学习领域	建议模块	学分要求		
		三年制专科	五年制专科	四年制本科
1. 儿童发展与学习	儿童发展；小学生认知与学习等。	最低必修学分20学分	最低必修学分26学分	最低必修学分24学分
2. 小学教育基础	教育哲学；课程设计与评价；有效教学；学校教育发展；班级管理；学校组织与管理；教育政策法规等。			
3. 小学学科教育与活动指导	小学学科课程标准与教材研究；小学学科教学设计；小学跨学科教育；小学综合实践活动等。			
4. 心理健康与道德教育	小学生心理辅导；小学生品德发展与道德教育等。			
5. 职业道德与专业发展	教师职业道德；教育研究方法；教师专业发展；现代教育技术应用；教师语言；书写技能等。			
6. 教育实践	教育见习；教育实习。	18周	18周	18周
教师教育课程最低总学分数(含选修课程)		28学分+18周	35学分+18周	32学分+18周

说明：
(1)1学分相当于学生在教师指导下进行课程学习18课时，并经考核合格。
(2)学习领域是每个学习者都必修的；建议模块供教师教育机构或学习者选择或组合，可以是必修也可以是选修；每个学习领域或模块的学分数由教师教育机构按相关规定自主确定。

(三)中学职前教师教育课程目标与课程设置

中学职前教师教育课程要引导未来教师理解青春期的特点及其对中学生生活的影响，学习指导他们安全度过青春期；理解中学生的认知特点与学习方式，学会创建学习环境，鼓励独立思考，指导他们用多种方式探究学科知识；理解中学生的人格与文化特点，学会尊重他们的自我意识，指导他们规划自己的人生，在多样化的活动中发展社会实践能力。

1. 课程目标

目标领域	目标	基本要求
1. 教育信念与责任	1.1 具有正确的学生观和相应的行为	1.1.1 理解中学阶段在人生发展中的独特地位和价值，认识积极主动的中学生活对中学生发展的意义。 1.1.2 尊重学生的学习和发展的权利，保护学生的学习自主性、独立性与选择性。 1.1.3 尊重学生的个体差异，相信学生具有发展的潜力，乐于为学生创造发展的条件和机会。
	1.2 具有正确的教师观和相应的行为	1.2.1 理解教师是学生学习的促进者，相信教师工作的意义在于创造条件帮助学生自主发展。 1.2.2 了解中学教师的职业特点和专业要求，自觉提高自身的科学与人文素养，形成终身学习的意愿。 1.2.3 了解教师的权利与责任，遵守教师职业道德。
	1.3 具有正确的教育观和相应的行为	1.3.1 理解教育对学生成长、教师自身发展和社会进步的重要意义，相信教育充满了创造的乐趣，愿意从事中学教育事业。 1.3.2 了解人类教育的历史、现状和发展趋势，认同素质教育理念，理解并参与教育改革。 1.3.3 形成正确的教育质量观，对与学校教育相关的现象进行专业思考与判断。
2. 教育知识与能力	2.1 具有理解学生的知识与技能	2.1.1 了解儿童发展的主要理论和最新研究成果。 2.1.2 了解儿童身心发展的一般规律和影响因素，熟悉中学生年龄特征和个体发展的差异性。 2.1.3 了解中学生的认知发展、学习方式的特点及影响因素，熟悉中学生建构知识和获得技能的过程。 2.1.4 了解中学生品德和行为习惯形成的过程，了解中学生交往的特点，理解同伴交往对中学生发展的影响。 2.1.5 掌握观察、谈话、倾听、作品分析等方法，理解中学生学习和发展的需要。 2.1.6 了解我国教育的政策法规，熟悉关于儿童权利的内容以及维护儿童合法权益的途径。

目标领域	目标	基本要求
2. 教育知识与能力	2.2 具有教育学生的知识和能力	2.2.1 了解中学教育的培养目标,熟悉任教学科的课程标准,学会依据课程标准制定教学目标或活动目标。 2.2.2 熟悉任教学科的教学内容和方法,学会联系并运用中学生生活经验和相关课程资源,设计教育活动,创设促进中学生学习的课堂环境。 2.2.3 了解课堂评价的理论与技术,学会通过评价改进教学与促进学生学习。 2.2.4 了解活动课程开发的知识,学会开发校本课程,设计与指导课外、校外活动。 2.2.5 了解班级管理的基本方法,学会引导中学生进行自我管理和形成集体观念。 2.2.6 了解中学生心理健康教育的基本知识,学会处理中学生特别是青春期常见的心理和行为问题。 2.2.7 掌握教师所必需的语言技能、沟通与合作技能、运用现代教育技术的技能。
	2.3 具有发展自我的知识与能力	2.3.1 了解教师专业素养的核心内容,明确自身专业发展的重点。 2.3.2 了解教师专业发展的阶段与途径,熟悉教师专业发展规划的一般方法,学会理解和分享优秀教师的成长经验。 2.3.3 了解教师专业发展的影响因素,学会利用以课程学习为主的各种机会积累发展的经验。
3. 教育实践与体验	3.1 具有观摩教育实践的经历与体验	3.1.1 观摩中学课堂教学,了解中学课堂教学的规范与过程,感受不同的教学风格。 3.1.2 深入班级或其他学生组织,了解中学班级管理的内容和要求,获得与学生直接交往的体验。 3.1.3 深入中学,了解中学的组织结构与运作机制。
	3.2 具有参与教育实践的经历与体验	3.2.1 在有指导的情况下,根据学生的特点,设计与实施教学方案,获得对学科教学的真实感受和初步经验。 3.2.2 在有指导的情况下,参与指导学习、管理班级和组织活动,获得与家庭、社区联系的经历。 3.2.3 参与各种教研活动,获得与其他教师直接对话或交流的机会。

续表

目标领域	目标	基本要求
3.教育实践与体验	3.3 具有研究教育实践的经历与体验	3.3.1 在日常学习和实践过程中积累所学所思所想，形成问题意识和一定的解决问题的能力。 3.3.2 了解研究教育实践的一般方法，经历和体验制订计划、开展活动、完成报告、分享结果的过程。 3.3.3 参与各种类型的科研活动，获得科学地研究学生的经历与体验。

2. 课程设置

学习领域	建议模块	学分要求	
		三年制专科	四年制本科
1.儿童发展与学习 2.中学教育基础 3.中学学科教育与活动指导 4.心理健康与道德教育 5.职业道德与专业发展	儿童发展；中学生认知与学习等。 教育哲学；课程设计与评价；有效教学；学校教育发展；班级管理等。 中学学科课程标准与教材研究；中学学科教学设计；中学综合实践活动等。 中学生心理辅导；中学生品德发展与道德教育等。 教师职业道德；教师专业发展；教育研究方法；教师语言；现代教育技术应用等。	最低必修学分8学分	最低必修学分10学分
6.教育实践	教育见习；教育实习。	18周	18周
教师教育课程最低总学分数(含选修课程)		12学分+18周	14学分+18周

说明：
(1)1学分相当于学生在教师指导下进行课程学习18课时，并经考核合格。
(2)学习领域是每个学习者都必修的；建议模块供教师教育机构或学习者选择或组合，可以是必修也可以是选修；每个学习领域或模块的学分数由教师教育机构按相关规定自主确定。

(四)在职教师教育课程设置框架建议

在职教师教育课程分为学历教育课程与非学历教育课程。学历教育课程方案的制定要以本标准为依据，考虑教师教育机构自身的培养目标、学习者的性质和特点，并参照在职教师教育课程设置框架；非学历教育课程方案的制定要针对教师在不同发展阶段的特殊需求，参照在职教师教育课程设置框架，提供灵活多样、新颖实用、针对性强的课程，确保教师持续而有效的专业学习。

在职教师教育课程要满足教师专业发展的多样化需求，充分利用教师自身的经验与优势，进一步深化和发展职前教师教育的课程目标，引导教师加深专业理解、解决实际问题、提升自身经验，促进教师专业发展。

课程功能指向	主题/模块举例
加深专业理解	当代教育思潮、教师专业伦理、学科教育新进展、儿童研究新进展、学习科学新进展等；也可以选择哲学、人文、科技等研究领域的一些相关专题。
解决实际问题	学科教学专题研究、特殊儿童教育、青少年发展问题研究、学校课程领导、校(园)本课程开发、综合实践活动设计与指导、档案袋评价、学生综合素质评定、教学诊断、课堂评价、课堂观察、学业成就评价、信息技术与课程的整合、校(园)本教学研究制度建设等。
提升自身经验	教师专业发展专题研究、教育经验研究、反思性教学、教育行动研究、教育案例研究、教育叙事等。

三、实施建议

(一)各级教育行政部门要根据基础教育改革发展的需要，加强对教师教育课程的领导和管理，提供相应的政策支持和制度保障，充分调动各方面的积极性，做好教师教育课程标准实施工作。依据课程标准，加强教师教育质量的评估和监管，确保中小学和幼儿园教师培养质量。

　　（二）教师教育机构要依据课程标准，制定幼儿园、小学、中学教师教育课程方案，科学安排公共基础课程、学科专业课程和教师教育课程的结构比例。根据学习领域、建议模块以及学分要求，确立相应的课程结构，提出课程实施办法，制定配套的保障措施。建立课程自我评估制度，及时发现问题，总结经验，不断完善课程方案。

　　强化教育实践环节，完善教育实践课程管理，确保教育实践课程的时间和质量。大力推进课程改革，创新教师培养模式，探索建立高校、地方政府、中小学合作培养师范生的新机制。

　　（三）教师教育机构要研究在职教师学习的特殊性，提供有针对性的在职教师教育课程，满足不同学习者的发展需求。在职教师教育课程要反映相关研究领域的新进展，联系教育实际，尊重和吸纳学习者自身的实践经验，解决实际问题，增强在职教师教育课程的针对性和实效性。

附录二 《教师教育课程标准(试行)》研制历程与问题回应

一、简介

2004 年 10 月，教育部启动《教师教育课程标准》研制工作，12 所高等师范院校参与竞标，华东师范大学和首都师范大学共同获承此项目。经过一年多的努力，形成《教师教育课程标准》第一稿。2005 年 10 月，教育部决定组成《教师教育课程标准》研制专家工作组，建立以华东师范大学课程与教学研究所所长、著名的课程与教师教育专家钟启泉教授为首席专家，崔允漷、胡惠闵、吴刚平、张华、李季湄、王少非、惠中、张文军等教授为核心团队的项目专家工作机制，集中攻关，加快推进《教师教育课程标准》的研制工作。该专家工作组采取分项研制、重点突破、系统集成、持续对话、合作创新的方式，开展了教师教育课程的现状调研、国际比较、撰写文本和专家咨询等工作，于 2010 年 12 日递交了《教师教育课程标准(送审稿)》及系列专题研究报告和工作报告。2011 年 10 月，教育部以"教师(2011)6 号"的形式正式颁发《教师教育课程标准(试行)》。

二、《教师教育课程标准》项目研究设计与研制历程

(一)研究目标

通过开展系列的专题研究，明确教师专业、教师教育课程的定位，提炼

教师教育课程基本理念，建构教师教育课程目标、课程结构与学分设置框架，提出与此相配套的实施建议，形成教师教育课程标准文本。

(二)研究过程与方法

《教师教育课程标准》的研制工作是一项复杂的系统工程，只有在一系列重大问题上取得研究进展和突破，才可能研制出具有时代特点的、能引领教师教育课程改革和发展的教师教育课程标准。为此，专家工作组设计了如下的研究思路与过程(见下图):

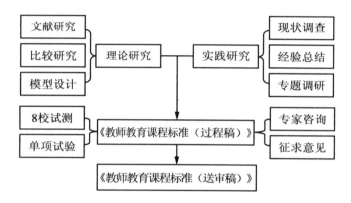

教师教育课程标准研制思路与过程图

具体说明如下:

1. 理论研究

文献研究：广泛搜集教师专业发展和教师教育课程的研究文献，梳理和归纳教师专业、教师教育课程的研究进展，为《教师教育课程标准》的研制提供充分的知识基础。

比较研究：重点研究主要发达国家以及我国港台地区教师专业发展和教师教育的各种专业标准、实施规范或实践模式，吸取其中的经验和教训，为我们研制《教师教育课程标准》提供开阔的国际视野，寻找有益的借鉴和启示。

模型设计：比较教师教育课程各种理论模型，建构我们的《教师教育课程标准》整体呈现结构、目标与课程设置呈现结构等。

2. 实践研究

现状调查：采用问卷调查、深度访谈、现场考察相结合的方法，开展全国性的教师教育课程现状调查工作，梳理和总结当前教师教育课程的设置情况、主要成绩和问题，特别是要重点调查和了解中小学校长和教师、师范院校师生、教育行政部门以及社会各界对于教师教育课程的意见和建议等。

经验总结：对在教师教育课程改革上取得一定进展或突破的教师教育机构进行个案调查研究，对于他们的认识、做法或模式进行深度分析。

专题调研：对于教师教育课程的主要问题进行重点分析，调查问题的主要症结和具体成因，探讨解决问题的可能途径和办法。

3. 持续地征求意见

专家系统在制定《教师教育课程标准》中具有关键性的作用，所以一定要充分运用专家智慧，开展多种形式的征求意见活动。特别是在教师教育课程的国际比较、现状分析、理论设计和文本研制等方面，定期或不定期组织不同类别、层面的专家在研究基础上的专题研讨会或征求意见会议，收集来自各方的意见与建议。

4. 文本撰写与修订

首先，根据相关的研究结论，撰写《教师教育课程标准》文本初稿；其次，根据通过各种形式或渠道收集到的意见，修订《教师教育课程标准》的文本；再次，选择有一定代表性的教师教育机构重点测试职前教师教育课程设置的适应性以及单项的试验，并结合测试和试验报告继续修订文本；最后，形成《教师教育课程标准(送审稿)》。

(三)研究与咨询团队

《教师教育课程标准》的研制工作是一项理论性和实践性都很强的专业工作，需要组建一个具有广泛代表性并且能够开展联合攻关的专业研究团队。

专家工作组的规模在20人左右，由从全国范围挑选的从事教师教育的课程专家、教师教育专家、学科专家、课程管理专家等代表组成，并考虑到了经济发展的地区差异性和教师教育机构的层次差异性。

同时，为了更深入地开展专题研究和推进标准研制的工作，专家工作组

又分11个子项目组,具体分工如下(见表1):

表1 《教师教育课程标准》子项目

子项目名称
1. 教师教育课程理念
2. 幼儿园教师教育课程标准
3. 小学教师教育课程标准
4. 中学教师教育课程标准
5. 教师教育课程设置与在职教师教育课程建议
6. 教师教育课程标准实施建议
7. 教师教育课程国际比较
8. 在职教师教育课程现状调查研究
9. 职前教师教育课程现状调查研究
10.《标准》测试实证研究
11. 意见收集与回应

《教师教育课程标准》研制的咨询专家有49人,由从全国范围挑选的教育学、心理学、课程论、教师教育和学科教育学专家、行政管理人员、教研员以及中小学优秀校长代表组成,并考虑到了经济发展的地区差异性和教师教育机构的层次差异性。

(四)《教师教育课程标准》研制历程

《教师教育课程标准》研制的大概过程如表2所示。

三、征求意见过程中涉及的主要问题及说明

专家工作组在《教师教育课程标准》研制过程中,特别是在征求专家意见中,收集到很多关于教师专业、教师教育课程、标准呈现方式、具体观点等方面的问题。专家工作组对所有问题进行了分析、归类。在此,逐一作如下的回应。

表2 《教师教育课程标准》研制历程一览表

启动	2004/10	12所高校竞标,华东师大与首都师大承担;形成初稿
文本研制	2005/10—2006/01	北京会议;扩大专家组规模;开展基础研究;召开5次咨询会;专家组集中研讨;形成征求意见稿
征求意见	2006/01—07	采用德尔斐法,征求49位专家意见;意见分析及文本修改;再次召开专家论证会及文本修改
送审	2006/11	递交《教师教育课程标准(第一次送审稿)》及附件(一)(二)(三)(四)(五)(六)
再次征求意见	2008/10	贵阳全国师范院校教务长会议;在北京召开师范大学校长与专家咨询会议
再送审	2008/12	递交《教师教育课程标准(第二次送审稿)》及附件(一)(二)(三)(四)(五)(六)(七)
试测	2007/07—2009/06	2007年7月~2009年6月,在2所教育部所属师范大学和6所省(市)属师范院校按照《教师教育课程标准(07版送审稿)》进行重点试验,试测《教师教育课程标准》的可行性
再次征求意见	2009/06—2010/12	2009年6~12月在上海、2010年8月在洛阳、2010年12月在北京召开了多次师范大学校长、教师教育研究者、管理者咨询与研讨会议
再送审	2010/12	递交《教师教育课程标准(第三次送审稿)》及附件(一)(二)(三)(四)(五)
颁布	2011/10	《教师教育课程标准(试行)》由教育部颁布

1. 为何称为"教师教育课程标准"而不是"师范教育课程标准"?

《教师教育课程标准》从2005年开始申请立项到研制完成,一直采用的都是"教师教育课程标准"这一名称。而且作为"教师教育标准体系"中的一个标准,其余还有如教师专业发展标准、教师教育机构认证标准、教师教育质量评估标准等。有专家提出,人们可能更习惯用"师范教育"而非"教师教育",《教师教育课程标准》为什么要用"教师教育"?

说明:(1)从国际比较来看,自20世纪70年代终身教育理念广泛传播以来,世界各国大都采用"教师教育"来指称我们习惯上所说的"师范教育"。

(2)从词义及习惯的理解上看,"师范教育"作为特定历史阶段的概念,它所讨论的范围主要限于教师职前培养阶段,强调教师的定向和计划培养。

(3)"教师教育"的提法在我国政府出台的政策文件中已有一定的普遍性。2001年,我国在《国务院关于基础教育改革与发展的决定》中首次用"教师教育"的概念,取代了长期使用的"师范教育"概念,提出"完善以现有师范院校为主体、其他高校共同参与、培养培训相衔接的开放的教师教育体系"。2003年,教育部在《2003-2007年教育振兴行动计划》中又一次明确提出并具体阐述了构建教师教育体系的任务,指出要"构建以师范大学和其他举办教师教育的高水平大学为先导,专科、本科、研究生三个层次协调发展,职前职后教育相互沟通,学历与非学历教育并举,促进教师专业发展和终身学习的现代教师教育体系"。这是对教师教育现状的客观反映和对未来发展趋势的把握。

(4)从我国的国情来看,我国教育发展水平不断提高,一方面,随着新课程改革的推进,基础教育对教师的质量提出了更高的要求;另一方面,20世纪90年代后期以来,由于高等教育的结构调整和规模扩张,独立设置的师范院校专门从事教师教育的体系被突破,综合性大学和其他高校参与到教师教育活动中来,再加上教师供求关系的变化和人才调节方式的变化,我国教师教育的主要矛盾已经突出地表现为提高质量的要求与提高质量的能力的矛盾。我国的教师培养模式已经发生了一些变化,新的教师培养形式业已出现,"师范教育"已经不能反映教师培养和培训的实际情况,不能反映教师教育的发展需要和未来特征。因此,必须实现由"师范教育"到"教师教育"的观念更新。

"教师教育"这一概念的提出,意味着教师专业发展观的变化,将教师的职前培养、入职教育和在职培训连成一体,将教师教育过程视为一个可持续发展的终身教育过程,体现了教师教育连续性、一体化与可持续发展的特征,也是教师走向专业化的一个重要标志。

2. 如何理解《教师教育课程标准》中的"标准"一词的含义？

《教师教育课程标准》体现的是国家对教师教育机构设置教师教育课程的基本要求，是教师教育机构制定教师教育课程方案、开发课程资源、实施教学、管理与评价的依据。有专家提出，课程标准应当回答要培养什么样的人才、学生要达到怎样的水平才算合格；还有的专家提出，由于我国目前对"标准"还缺乏准确的概念界定，有可能导致无法有效操作和达成共识，建议将"标准"改为"指导意见或原则"。

说明：(1)人才培养的规格是由培养目标来回答的，它是超越课程标准之上的问题，不属于课程标准的范畴。课程标准通常是指学生通过一段时间的学习后所产生的行为变化的最低表现水准或学习水平，用以评价学生的学习表现或学习结果所达到的程度。当然，由于我国对此研究基础比较薄弱，因此在《教师教育课程标准》的目标部分有些地方可能存在"有标无准"的问题，有待以后不断修订来完成。

(2)对于专业规范来说，还是宜用"标准"为好，这既是国际惯例，也是专业化的标志。而对于某项工作要求来说，我国习惯用"指导意见或纲要"的方式颁发文件的。

(3)关于教师教育课程教学改革的指导意见，教育部现已发文，并将此标准作为附件颁发的。

3.《教师教育课程标准》所指的教师教育机构特指哪些机构？

《教师教育课程标准》多处提及教师教育机构，有的地方又是培养幼儿园、小学和中学教师的教师教育机构。有专家提出，《教师教育课程标准》适用范围过于狭窄，还应包括职业学校、特殊学校的教师培养。

说明：(1)本标准的研制是"命题作文"，是严格按照教育部师范司的要求来研制的。"教师教育机构"特指培养和培训幼儿园、小学和中学教师的机构，包括专门的师范院校、也包括综合性院校所设置的培养中小学、幼儿园教师的院系或专业。"教师教育课程"特指这些机构开设的教育类课程。

(2)考虑到我国第一次研制《教师教育课程标准》的难度，应采用"有所为，有所不为"或"哪些是先为，哪些是后为"的原则。待《教师教育课程标准》颁布后，再来考虑职业学校、特殊学校等的《教师教育课程标准》可能更合适一些。

(3)在没有专门标准的情况下，职业学校、特殊学校也可参照此《教师教育课程标准》的相关内容。

4.《教师教育课程标准》为何不包括"学科专业课程"？

按我国目前高等院校的课程结构，教师学历教育的课程主要由三部分组成：公共基础课程、学科专业课程和教师教育课程。教师教育课程是指教师教育机构为培养和培训幼儿园、小学和中学教师所开设的教育专业课程(习惯上也称教育类课程)。有专家提出，《教师教育课程标准》应通盘考虑培养教师的所有课程，除教育类课程外，还应对"学科专业课程"提出要求，这样才不会因为加强了教育类课程改革而导致学科专业课程的削弱。

说明：(1)该意见有一定的道理，只是这样"大而全"的标准需要教育部教师教育工作司投入大量的资金、组织庞大的专家团队来完成。就目前教育部组织的专家工作组是完成不了的。

(2)当然也可分步做，先研制《教师教育课程标准》，再分学科专业做各专业的《教师教育课程标准》。也许，就国情而言，可能这样的选择更可行。

(3)《教师专业发展标准》也是一样的，先研制超学科的标准，再来研制各学科或各层次的《教师专业发展标准》。

5.《教师教育课程标准》基本理念中为什么用"儿童"而不是"学生"的提法？

《教师教育课程标准》所确立的基本理念共有三条，最初确立的第一条理念是"儿童为本"。提出这一理念主要是针对当前教师教育课程过于强调教育学的系统知识，而缺少对关于儿童的知识和儿童本身的关注。

有专家对此提出不同意见。主要观点：(1)标准将初中、高中的学生界定为"儿童"不合适，不符合中国国情，应改为"学生"；(2)《教师教育课程标准》的理念首先应该着眼于教师专业素质的培养，故不是儿童为本，应提"教师为本"。

说明：(1)从"儿童"的概念界定上看，《联合国儿童权利公约》第一条即阐明本公约之目的，儿童系指18岁以下的任何人，除非对其适用之法律规定成年年龄低于18岁。可见，初中、高中的学生也处在这一年龄段。

（2）如将"儿童"改为"学生"，不符合幼儿园的表达习惯，会将幼儿园排斥在外；同时，在目标表述和实施建议中会与师范生、受训者（在职教师）的概念混淆，在行文上有诸多不便，而且更易产生误解。

（3）第一，教师教育的核心理念已提出"促进教师专业发展"，如果基本理念又提"教师为本"，有点不合适；第二，如果第一条提"教师为本"，那么与第二条"实践取向"、第三条"终身学习"理念就不在一个逻辑上；第三，职前培养的对象是"师范生"，提"教师为本"也不妥；第四，提"教师为本"没有明确揭示该理念所特指的问题。

（4）正式颁布的《教师教育课程标准（试行）》已改为"育人为本"，理由是有专家坚持要与《国家中长期教育改革与发展纲要（2010—2020年）》中的提法保持一致。专家工作组一致认为，其实，两者的语境是不一样的。

6."实践取向"理念的主要思想是什么？如何落实这一思想？

"实践取向"是教师教育课程的第二条基本理念。这一理念的提出，主要针对我国教师教育课程中存在着弱化教育实践环节、轻视教师自身实践经验、忽视基础教育改革实践等问题。在2008年对《教师教育课程标准》进行首次专家咨询时，这一理念就得到了90%专家的认可。但也有少数专家对理念的内涵与落实提出了不同意见。主要表现为两个方面：（1）认为实践取向在内涵上应体现与中国基础教育实际发展趋势相结合、与中小学学科课程发展相结合、与自身实践摸索相结合的思想；（2）认为理念很好，但教师职业技能课程的课时数太少。

说明：（1）这是一种课程理念，它针对的问题是人们对"教师专业"理解的偏差，导致教师教育课程不重视实践性课程，缺乏对教师自身实践的关注与反思。

（2）在该理念的阐述上，一是教师教育课程应引导未来教师参与和研究基础教育改革，主动建构教育知识，发展实践能力；二是教师教育课程应引导在职教师发现和解决实际问题，创新教育教学实践，形成个人的教学风格和实践智慧。

（3）在考虑如何落实此理念时，在目标领域专门列出"教育实践与体验"领域，在"教育知识与技能"领域凸显问题解决的能力。同时，除了应提高教育实践课程的质量之外，还延长了教育实习时间。

(4)坚持实践取向并不仅仅体现在一门或若干门专门的教师职业技能课程上，更重要的是在教师教育课程学习中，加强对自身实践的理解与反思、加强课程学习中的实践体验，加强对实践问题的关注与研究。

为此，专家工作组对"实践取向"的内涵表述进行了修改，使主题思想更加突出；同时对课程学习中的实践要求作了进一步的强化，并且在课程设置中，延长教育实习时间。

7."教师是反思性实践者"这一提法是否合适？

《教师教育课程标准》在提出"实践取向"这一理念时，认为教师是反思性实践者，在研究自身经验和改进教育教学行为的过程中实现专业发展。有专家对此提出不同意见，认为从事任何工作都需要反思过去与总结经验，"反思"不是教师所特有的，没有必要强调教师是反思性实践者。

说明：(1)"教师教育"的内涵其中有一义就是，教师是反思性实践者，它是针对人们把教师当作职业人员仅传授一定的知识或训练一定的技能而言的，是否认同"教师是反思性实践者"，这是判别教师是专业人员还是职业人员的重要依据。

(2)尽管所有的专业人员都需要反思自身的实践，但教师所遇到的问题的情境性、对象的独特性、题解的复杂性、面对的不确定性决定了教师更应是反思性实践者。

(3)这是人们对教师从"道德标兵"(好人)到"职业、技术人员"(技工)，再到"专业人员"(专家)的认识的发展，体现了教师教育的进步。20世纪80年代以来，这一提法在世界各国得到了广泛的认可。

8. 是否将课程目标的维度之一"教育知识与技能"改为"教育知识与能力"？

在《教师教育课程标准》中，课程目标主要表现为三个维度，即教育信念与责任、教育知识与技能、教育实践与体验。在2008年对《教师教育课程标准》进行专家咨询时，这一目标表述的结构得到了95%左右的专家认可。但也有专家提出，可否将"教育知识与技能"改为"教育知识与能力"，因为知识与能力通常是合在一起说的，并且对未来教师来说，仅培养技能也是不够的。

说明：这一意见有一定的道理，专家工作组最初所确定的目标维度也是"教育知识与能力"。之所以后来改为"教育知识与技能"，主要考虑到"教育实践与体验"多数目标要求也属于"能力"范畴，即"教育能力"既包括在"知识与技能"部分，也包括在"实践与体验"部分，甚至也与"信念与责任"维度有关。正式颁发的《教师教育课程标准(试行)》已改为"教育知识与能力"。

9. 如何明晰课程目标和课程设置中的小学、中学区分度？

《教师教育课程标准》从幼儿园、小学、中学三个层次，围绕教育信念与责任、教育知识与能力、教育实践与体验三个方面分别提出了各自的教师教育课程目标，并确立了与目标相对应的课程结构。有专家提出，小学和中学在课程目标、课程设置上区分度不大，特别是课程目标的"教育信念与责任"区别较小。

说明：专家工作组仔细研究此条意见，认为小学和中学在课程目标、课程设置上的区分的确是一个难题，这方面研究基础的薄弱使得我们很难回答"两者之间应该有怎样具体的差异"的问题，但明确小学和中学教师教育课程目标和课程设置的区别又是必需的。为此，专家工作组几易其稿，最终修改意见如下：

(1)在目标领域(1~3)提法上，幼儿园、小学和中学完全一致，均为教育信念与责任、教育知识与技能、教育实践与体验。

(2)在目标表述(1.1~3.3)上，幼儿园、小学和中学完全一致。以"教育信念与责任"为例，均为具有正确的儿童观和相应的教育行为、具有正确的教师观和相应的教育行为、具有正确的教育观和相应的教育行为。

(3)在目标基本要求(1.1.1~3.3.3)上，尽量体现各自不同的要求。修改后的小学、中学在课程目标上的区分如表3所示。

表3　幼儿园、小学、中学在课程目标上的比较

	教育信念与责任	有差别，根据幼儿园、小学、中学三个时期儿童具有的主要特征强调教师需要具有不同的学生观和教师观。
基本要求	教育知识与能力	2.1栏中，幼儿园与小学、中学有明显差异，幼儿园更加强调教师了解幼儿身体健康、安全方面的知识，而小学、中学的教师更强调学会运用各种方法理解儿童。 2.2栏中，对幼儿园、小学更强调综合性，中学则更为关注学科性，尤其是强调幼儿园教师需要引导幼儿活动、保育、幼小衔接等方面的知识和技能。
	教育实践与体验	有差别，根据幼儿园、小学、中学学校的不同，要求三个阶段的教师经历不同的实践和体验，比如小学比中学更强调参与一门课程以上的教学实践综合性。

(4)课程设置也参照专家们的意见，做了很大的修改，小学、中学在课程设置上的区分具体表现在领域、模块、学分上(见表4)。当然，它们的区分可以更多地在后期的教材编写中体现出来。

表4　小学、中学教师教育课程设置上的比较

	小学	中学
学习领域	除标明"小学"和"中学"的课程外，基本相同	
建议模块	注重活动和情境的设计，注重学科的综合	侧重学科
最低必修学分	三年制为20学分，四年制为24学分，五年制为26学分	三年制为8学分，四年制为10学分

10. 课程目标要求是否应与所设置的课程相对应？

《教师教育课程标准》从教育信念与责任、教育知识与能力、教育实践与体验提出了课程目标要求，并依据课程目标要求，提出了相应的课程设置。有专家提出，《教师教育课程标准》中的课程设置未能很好地与课程目标相对应。例如"教育哲学"这一课程模块没有对应的课程目标；课程目标(中学)中

"2.1.6了解我国教育的政策法规,熟悉中学生权利的内容与维护中学生的合法权益"难以找到对应的课程建议模块,等等。

说明:(1)《教师教育课程标准》中的目标与学习领域、模块并不是一一对应的,《教师教育课程标准》中课程模块的名称并不是只针对一门课或只针对一个目标,而一个目标也不仅仅是通过单独设立一个模块来实现的。

(2)就"教育哲学"这一课程模块而言,它既可以与"教育信念和责任"维度有关,也与"教育知识与能力""教育实践与体验"维度中的相关目标有关;其他也一样。

(3)关键是后续教材开发以及教师教学、评价是否与目标的一致问题。如有可能,也可以组织专家开发基于目标的学习领域或模块内容大纲。

11. 课程设置中如何解决统一性与多样性、选择性的关系问题?

《教师教育课程标准》作为体现国家对教师教育机构设置教师教育课程的基本要求的规范及制定教师教育课程方案、开展教学、评价和管理的依据,面向的是所有的教师教育机构,必须反映对所有教师教育机构的统一要求。但基于各地区发展的不平衡性与《高等教育法》所赋予的高等教育机构的办学自主权,又必须考虑课程设置的多样性、选择性问题。有专家提出,应需进一步增强课程设置的选择性和学校自主权力,《教师教育课程标准》不能"统得过死"。

说明:《教师教育课程标准》主要通过以下措施来处理教师教育课程的统一性与多样性、选择性的问题的。

(1)在幼儿园、小学、中学的每一类培养模式的总学分中预先留给教师教育机构选修学分的空间。

(2)在教师教育课程的学分总数中也分别留出选修学分的空间。

(3)将原来的课程改为学习领域,而在学习领域后提供建议模块;提出学习领域是每个学习者都必修的;建议模块是供教师教育机构或学习者选择、组合的,可以作为必修,也可以作为选修。

(4)每个学习领域或模块的学分数由教师教育机构按相关规定自主确定。

(5)在"实施建议"部分,也充分强调教育行政部门、教师教育机构及教师教育者应处理好统一性与多样性、选择性的关系。详见第17个问题的说明。

12. 教师教育课程设置是否应建立在否定"老三门"的基础上?

《教师教育课程标准》在课程设置方面,提出了儿童发展与学习、学校教育基础、学科教育与活动指导、心理健康与道德教育、职业道德与专业发展、教育实践六个学习领域,在每个学习领域内,又提供了若干课程模块。有专家们提出,不一定非得否定"老三门",关键在于教学内容和教学方式的调整。

说明:(1)《教师教育课程标准》研制不主张简单否定什么,更多的是去论证建构的东西是否具有先进性和一致性。如果你认同从知识本位、学科本位走向儿童本位、问题解决本位,如果你认同需要处理好统一性与多样性的关系,如果你认同不同的师范生可以学习不同的课程内容,那么,所谓的"老三门"的问题就需要改进了。

(2)任何改革与发展都是历史的。《教师教育课程标准》的研制做了大量的调查研究,发现了当前教师教育课程存在的一些问题,也包括"老三门"的问题,结合时代发展的要求、基础教育发展的要求、教师教育本身发展的要求,基于人们对教师教育的认识与研究,对教师教育课程从理念到行为进行了重建。当然,这种重建也可以说是在"老三门"的基础上完成的。

13. 课程设置中所定学分的依据是什么?

为确立幼儿园、小学和中学教师教育课程设置中的学分框架,我们搜集了全国 25 所幼儿教师教育机构,22 所小学教师教育机构和 17 所中学教师教育机构等各种培养模式的教学计划,梳理出每一类培养模式的学分现状,并基于选择性、自主性的思考,确立了幼儿园、小学、中学教师培养不同学制的最低必修学分要求。有专家认为学分要求过低,必须增加学分;也有个别专家认为现有学分要求过高,难以做到。

说明:专家工作组认真研究了此条意见,对学分确立的依据进行了专题研究。提出了如下意见:

(1)确立学分时,应考虑以下三个情况:第一,《教师教育课程标准》的学分设置应尽可能给教师教育机构留出自主选择的空间,给学生留出选择空间;第二,现有的教师教育课程在学分规定上以均数值为主,标准体现的是最基本要求,因此,在学分设定上宜规定底数,教师教育机构可根据自身需求和师资力量,在达到底线要求的情况下,提高相应的教师教育课程的学分比重;第三,考虑到"教育实践课程"的特殊性,标准设定的学分没有包括"教育实践课程"的学分。

(2)基于上述三方面的考虑,同时也基于对现状的研究,最终提出了教师教育课程的学分规定(见表5)。

表5　各种培养模式目前的总学分数均值和教师教育课程学分总数均值

不同培养模式		总学分数均值	教育课程			
			学分现状		标准规定	
			学分总数均值	学科类必修学分数均值	学分总数最低值	学科类必修学分最低值
幼儿	三年制专科	137	69.5	61	60	40
	五年制专科	260	101.4	89	72	50
	四年制本科	156	64	61	64	44
小学	三年制专科	131	30.1	23.4	28	20
	五年制专科	260	36	30	35	26
	四年制本科	155	36.1	30.3	32	24
中学	三年制专科	127	10.8	8.2	12	8
	四年制本科	164	15.3	11.2	14	10

注:此处学分均不含教育实践课程的学分。

14. 教育见习、实习(统称教育实践课程)规定多长时间比较合适?

在教育实践课程的问题上,专家工作组一直秉持"实践取向"的基本理念,为确定比较可行的教育实践课程时间,专家工作组对现有的教师教育机构的实习、见习现状进行了调查统计(见表6)。基于对现状的调查,考虑到实际操作的可行性,专家工作组将教育实践课程的最低标准时间定为10~16周,不同的学制、不同的培养目标,实习时间有所不同。有专家认为,教育实习、见习时间太少,必须延长至半年;也有专家认为所规定的10~16周时间在实践中很难真正落实。在咨询专家中也有增加、减少实践时间两类截然相反的意见。

表6　各种培养模式实习时间现状(单位：周)

培养模式		三年制	四年制	五年制
幼儿园教师	见习	4	3	4
	实习	8.71	9.14	8.67
小学教师	见习	2.5	4.4	2
	实习	6.64	8.89	8.5
中学教师	见习	2	2.67	
	实习	6	6.71	

注：有一些学校没有见习安排，这里呈现的见习数是根据安排见习的学校得出的。

说明：经认真斟酌、权衡专家们的建议，并在汲取实践者的智慧的基础上，专家工作组做了如下修改：

(1)按教育部的相关规定，将教育实践(实习、见习)周数由原来的"至少10～16周"统一改为18周(即为一学期)；

(2)建议"教育实践课程采用证书制单独管理，教师教育机构按相关规定制定实施细则"，以加强教育实践课程的过程管理。

15.《教师教育课程标准》是否要对教师教育课程开设要求作出具体、可操作性的规定？

《教师教育课程标准》只对教师教育课程的目标、课程设置框架、学分框架作出了规定，但对开设什么课程、多少门课程没有明确规定。有专家提出，现有《教师教育课程标准》较为宏观，需进一步加强微观可操作性，要对教师教育类课程按学年学期进行分配，即确定学期开设课程名称、学时、学分，并从模块中明确哪些是必修课程，哪些是选修课程，以便各院校的实施。但也有专家提出了不同意见，认为考虑到我国不同类型(研究型、教学研究型、教学型)、不同层次(师范大学、师范学院、师专)、不同地区(东部、西部、少数民族地区)师范院校和教师培养机构的差异，《教师教育课程标准》应保持一定的灵活度，照顾到多样化的需求和多元化的实际。

说明：(1)《教师教育课程标准》研制必须以《高等教育法》为依据，必须符合它的精神。该法第三十四条规定：高等学校根据教学需要，自主制定教学计划、选编教材、组织实施教学活动。由此可见，高等学校对课程设置、教学计划与实施拥有自主权。

(2)《教师教育课程标准》是专业标准，而不是职业标准，也不是行政管理或评价标准；专业标准更注重引领，更注重发展，而不是用来考核与评估的。因此，《教师教育课程标准》规定的是底线要求，不宜对课程设置、教学安排等作出统一、刚性、具体的规定，一些具体的、细节的问题，如具体课程名称、学时安排等，由教师教育机构自主负责。

16. 如何解决课程目标和课程设置中的在职教师教育部分薄弱的问题？

职前教师教育和在职教师教育是不可分割的整体，《教师教育课程标准》涵盖了职前培养阶段和在职培训阶段，为此，教师教育课程标准在课程目标和课程设置上，也对职前培养和在职培训分别提出了不同的要求。有专家提出，相比较职前教师教育课程目标和课程设置，在职教师教育部分，显得很薄弱，应有所强化。

说明：(1)鉴于职前教师教育和在职教师教育的性质、侧重点确实有所不同，职前和在职的教师教育课程需要分别探讨，在职教师教育的课程目标和课程设置需要作为独立部分来呈现。

(2)考虑到如下两点原因，在职教师教育很难像职前教师教育那样规划得比较详细：第一，在职教师专业发展的需求多样而复杂，因此《教师教育课程标准》很难对不同层级、类型、指向的在职教师教育的课程目标和框架作出刚性规定，只能提出原则性的课程功能指向和课程设置的建议框架，表明需要特别关注的内容或方向；第二，教师专业标准主要是针对在职教师而定的，有关在职教师专业发展的内涵和相应的要求应在教师专业标准中加以明晰。

17.《教师教育课程标准》的实施建议部分是否应进一步强化可操作性？

《教师教育课程标准》第三部分从研制课程方案、建设教材资源、推进教学变革、完善实践课程管理、健全评估机制、优化教师教育师资、提高在职教师教育课程针对性等方面提出标准实施建议。有专家认为，"实施建议"部分规定得太粗、不够具体，也不易操作。

说明：(1)"实施建议"是针对《教师教育课程标准》前两部分(基本理念、

教师教育课程目标与课程设置)如何落实提供的框架性的建议。它不是具体针对某个地方教育行政部门、教师教育机构、教师教育者的建议,因此,它一定要考虑普适性,某种程度上说,也是原则性的。关键是"实施建议"部分需要具有结构上的完整性、操作上的引领性。

(2)"实施建议"立足于我们的国情。面对全国多样的教师教育机构和培养模式,面对农村和城市、东部和西部的巨大发展差异,实施建议要兼顾这些差异,操作性不可避免会降低,我们力求在最低限度上保障标准的关键部分的落实。

(3)"实施建议"是标准不可分割的一部分。它的风格要与整体风格相协调,如果太过具体,就会成为单行本的实施细则,而非《教师教育课程标准》中的实施建议。

(4)《教师教育课程标准(试行)》中的"实施建议"已作了简化。原先《教师教育课程标准(送审稿)》中的"实施建议"如下,供大家参考。

各级教育行政部门和教师教育机构要根据基础教育事业发展的需要,加强对教师教育课程的领导和管理,提供相应的政策支持和制度保障,充分调动专业机构和人员的积极性,共同做好《教师教育课程标准》的实施工作。

(一)研制教师教育课程方案

师范院校、综合性大学中的教师教育机构等要根据《教师教育课程标准》和专业设置,形成不同类别的教师教育课程方案,并提交上级教育主管部门备案。

教师教育课程方案要科学安排公共基础课程、学科专业课程和教师教育课程的结构比例。要明确与培养目标相对应的教师教育课程目标,根据学习领域、建议模块以及学分要求确立相应的课程结构,提出课程实施和评价的要求,制定配套的保障措施。

(二)加强教师教育课程教材资源建设

教育行政部门和教师教育机构要组织专业力量,开发优质课程资源和教材,引进国外优秀教材,建立精品课程教材资源库;依靠网络等平台,发挥现代教育技术优势,形成课程资源共建共享机制。

教材编写要根据《教师教育课程标准》，反映学习者的经验和需要，吸收相关研究领域的最新成果，特别是儿童研究、学习科学、信息技术等方面的新进展，反映教育教学改革和发展的实践要求。教材呈现方式要以学习者为中心，有利于培养学习者自主学习、问题解决的意识和能力，有利于实现多样化的教与学的方式。

(三)推进教师教育课程的教学变革

教师教育课程的教学要突显自主学习，引导学习者独立思考，主动建构专业知识；注重探究学习，鼓励学习者批判质疑、提问探询，实现知识学习、专题研究和问题解决的有机整合；倡导对话教学，采用参与式研讨、经验分享和专题辩论等多种教学途径，促进学习者与教师教育者共同参与课程发展。

充分利用现代教育技术，探索模拟课堂、现场教学、情境教学、案例教学、微格教学等多样化的教学模式。

(四)完善教育实践课程的管理

各级教育行政部门和教师教育机构要加强组织领导，建立与幼儿园、中小学有效合作的机制，落实过程管理，提供经费保障，确保教育实践课程的时间和质量。

教育行政部门要建立优质的、相对稳定的教育实践基地，建立具有较高专业水平的实习指导教师队伍，共同做好教育实习。

教师教育机构要加强教育见习，做好未来教师实习前的专业思想教育和教学技能培训，使他们基本具备从教能力；要选派优秀教师担任见习与实习指导教师；加强与教育实践基地的交流与合作，建立相互支持和促进的伙伴关系。

(五)健全教师教育课程评估机制

教育行政部门和教师教育机构要依据《教师教育课程标准》，定期开展教师教育课程评估，引导教师教育课程变革与教学创新。

教育行政部门要加强教师教育课程方案管理；要把教师教育课程评估作为教师教育机构质量评估系统的重要内容。

教师教育机构要建立自我评估制度，及时发现问题，总结经验，不断完善课程方案。

(六)优化教师教育师资队伍

教师教育机构要建立机制，确保教师教育课程的专业地位；提供研修培训、学术交流与项目资助等多种方式，满足教师教育者的专业学习需求；制定优惠政策和激励措施，吸引优秀专业人才承担教师教育课程教学，聘请幼儿园、小学和中学优秀教师参与课程教学。

教师教育者要加强理论学习与学术研究；深入了解基础教育，参与幼儿园、小学和中学改革实践；不断改进自身教学实践，提升教学水平。

(七)提高在职教师教育课程的针对性

教师教育机构要研究在职教师学习的特殊性，提供有针对性的在职教师教育课程，满足不同学习者的发展需求。

在职教师教育课程要反映相关研究领域的新进展，联系教育实际，尊重和吸纳学习者自身的实践经验；结合或利用校本研修，采用案例学习、经验分享、合作研讨、在线互动等方式，引导学习者加深专业理解，解决实际问题，提升自身经验；倡导表现评价，注重考查学习者的各种作品、现场表现、模拟活动等，增强在职教师教育课程的实效性。

18.《教师教育课程标准》与《教师专业发展标准》、《教师资格证书实施条例》是什么关系?

在设定的"中国教师教育标准"体系中，有《教师专业发展标准》、《教师教育课程标准》、《教师教育机构认证标准》与《教师教育质量评估标准》。各个标准互相联系又各有侧重，最理想的是组建一个专家团队，集中研制与颁发。但目前各个标准研制进展不一，相对来说，《教师教育课程标准》启动较早，也比较成熟一些。有专家提出：(1)课程标准应放在其上位标准"专业标准"内审视，应考虑与专业标准的关系；(2)《教师教育课程标准》与《教师资格证书实施条例》存在差异，《教师教育课程标准》几乎没规定学习教育学、心理学课程，如果师范院校实施《教师教育课程标准》反而不能使学习者顺利取得教师资格证，必然影响课程标准的公信力。

说明：(1)从理想的角度来说，应该先有《教师专业发展标准》，《教师教育课程标准》、《教师教育质量评估标准》、《教师资格证书实施条例》在相关内容上应具有某种程度上的一致性。但由于决策工作有先后，研制进展有快慢，也是可以理解的。重要的是需要组建一个教师教育标准研制专家工作组，需要在一些前提性的理念、知识基础方面达成最大程度的共识。

(2)从实践来看，当前教师教育课程改革的问题已刻不容缓，而且教师教育课程本身具有相对的独立性，因此从《教师教育课程标准》切入，也许更具有可行性和操作性，也更易获得"看得见"的成果。

(3)教师教育改革是一个系统的工程。随着《教师教育课程标准》的出台，需要相关的配套措施，相关的法规如《教师资格证书实施条例》等，都应与时俱进地修订。因此上述的第二个问题也只是一个配套的政策而已，不存在《教师教育课程标准》本身的公信力问题。

(4)在《教师教育课程标准》的研制与修订的过程中，也已经参考了已有的相关法规，包括《教师资格证书实施条例》。

参考文献

[1]顾明远. 教师的职业特点与教师专业化[J]. 教师教育研究，2004(6).

[2]叶澜. 未来教师的新形象[J]. 上海教育科研，2000(2).

[3]王坤庆. 试论我国高等师范教育类课程结构改革[J]. 课程·教材·教法，2000(9).

[4]崔允漷，王建军. 新世纪师范大学的使命[J]. 华东师范大学学报（教育科学版），2000(3).

[5]李其龙，陈永明. 教师教育课程的国际比较[M]. 北京：教育科学出版社，2002.

[6]郑金洲. 教师角色的转变与校本培训[J]. 天津师范大学学报（基础教育版），2002(3).

[7]湖南师范大学课题组. 教师教育课程标准：设计与实施[J]. 湖南师范大学教育科学学报，2005(5).

[8]张传燧. 教师的类型及其素质培养探析[J]. 高等师范教育研究，2000(6).

[9]万明钢. 教师教育课程体系研究——以师范大学教育学院教师教育课程体系建构为例[J]. 课程·教材·教法，2005(7).

[10]袁贵仁. 树立以学生为本观念，加强课程综合化建设，教育部研究推进教师教育课程改革[N]. 中国教育报，2005-10-12(1).

[11]管培俊. 为全面建设小康社会准备高素质教师[J]. 人民教育，2003(17).

[12]钟秉林. 高等教育创新与教师教育和师范院校的转型[J]. 中国大学教学，2004(1).

[13]钟启泉，胡惠闵. 我国教师教育课程标准的建构[J]. 全球教育展望，2005(1).

[14]陈向明. 实践性知识：教师专业发展的知识基础[J]. 北京大学教育评论，2003(1).

[15]陈永明. "3＋2"——法国教师教育新模式[J]. 外国中小学教育，2007(4).

[16]陈元辉. 台湾国民中学教师专业标准的内容及基本架构[J]. 上海教育科研，2009(3).

[17]崔允漷，柯政. 学校本位教师专业发展[M]. 上海：华东师范大学出版社，2012，出版中.

[18]邓涛，单晶. 近二十年来美国教师教育的改革与发展[J]. 外国教育研究，2003(5).

[19]范良火. 教师教学知识发展研究[M]. 上海：华东师范大学出版社，2003.

[20]管培俊. 关于教师教育改革发展的十个观点[J]. 教师教育研究，2004(4).

[21]郭宝仙. 新西兰教师资格与专业标准及其启示[J]. 外国教育研究，2008(9).

[22]国家教委国家教育发展中心. 未来教育面临的困惑与挑战[M]. 北京：人民教育出版社，1999.

[23]国家教育委员会师范教育司. 师范教育工作资料汇编[M]. 长春：东北师范大学出版社，2000.

[24]国家中长期教育改革和发展规划纲要(2010－2020).

[25]姜美玲. 教师实践性知识研究[D]. 华东师范大学，2006.

[26]教育部师范教育司. 教师专业化的理论与实践[M]. 北京：人民教育出版社，2003.

[27]鞠玉翠. 走近教师的生活世界——教师个人实践理论的叙事探究[M]. 上海：复旦大学出版社，2004.

[28]李琼，倪玉菁. 从知识观的转型看教师专业发展的角色之嬗变[J]. 华东师范大学学报（教育科学版），2004(4).

[29]联合国教科文组织. 教育——财富蕴藏其中[M]. 北京：教育科学 出版社，1996：142.

[30]联合国教科文组织国际教育发展委员会. 学会生存——教育世界的 今天和明天[M]. 上海：上海译文出版社，1979.

[31]林崇德，申继亮，辛涛. 教师素质的构成及其培养途径[J]. 中国教 育学刊，1996(6).

[32]刘捷. 教师职业专业化与我国师范教育[J]. 天津师范大学学报（社 会科学版），2001(2).

[33]刘英杰. 中国教育大事典(1949－1990)·上[M]. 杭州：浙江教育 出版社，1993.

[34]马啸风. 中国师范教育史[M]. 北京：首都师范大学出版社，2003.

[35]托马斯·J·萨乔万尼. 道德领导：抵及学校改善的核心[M]. 冯大 鸣，译. 上海：上海教育出版社，2002.

[36]托马斯·J·萨乔万尼. 校长学：一种反思性实践观[M]. 张虹， 译. 上海：上海教育出版社，2004.

[37]汪凌. 法国中小学教师专业能力标准述评[J]. 全球教育展望，2006(2).

[38]王建军. 学校转型中的教师发展[M]. 北京：教育科学出版社，2008.

[39]王艳玲. 儿童本位：中国课程发展的转型——钟启泉教授访谈[J]. 基础教育课程，2010(1).

[40]徐碧美. 追求卓越——教师专业发展案例研究[M]. 陈静，等译. 北京：人民教育出版社，2003.

[41]许世静，F. 迈克尔·康纳利. 叙述探究与教师发展[J]. 北京大学 教育评论，2008(1).

[42]杨慧文. 变革中的教师教育范式——海峡两岸之比较研究[D]. 华东 师范大学，2003.

［43］叶澜. 新世纪教师专业素养初探［J］. 教育研究与试验，1998（1）.

［44］袁贵仁. 推动教师教育创新　构建教师教育新体系［J］. 中国高等教育，2004（12）.

［45］袁振国. 从师范教育向教师教育的转变［J］. 中国高等教育，2004（5）.

［46］张男星. 当前俄罗斯师范教育改革的研究［J］. 全球教育展望，2007（7）.

［47］张文军，王艳玲. 职前教师教育中的"学校体验"：英国的经验与启发［J］. 全球教育展望，2006（2）.

［48］郑燕祥. 学校效能与校本管理［M］. 上海：上海教育出版社，2002.

［49］中华人民共和国教育部. 教师教育课程标准（试行）.

［50］钟启泉. 教师专业化：理念、制度、课题［J］. 教育研究，2001（12）.

［51］周文叶，崔允漷. 何为教师之专业：教师专业标准比较的视角［J］. 全球教育展望，2012（4）.

［52］［加］范·梅南. 教学机智———教育智慧的意蕴［M］. 李树英，译. 北京：教育科学出版社，2001.

［53］Australian Institute for Teaching and School Leadership. *National Professional Standards for Teachers*，February 2011. ［EB/OL］. ［2011-03-25］. http://www. aitsl. edu. au/national-professional-standard-for-principals-landing. html.

［54］Beck，C. ＆ Kosnik，C. Professors，and the Practicum：Involvement of University Faculty in Preservice Practicum Supervision. *Journal of Teacher Education*，2002，53（1）.

［55］Bolman，L. G. ＆ Deal，T. E. . *Reframing Organizations：Artistry，Choice，and Leadership*，San Francisco：Jossey-Bass，1991.

［56］Bransford，J. ，Darling-Hammond，L. ＆ Lepage，P. . Introduction. In Darling-Hammond，John Bransford；in collaboration with Pamela LePage，Karen Hammerness，Helen Duffy（Eds. ）. *Preparing Teachers for a Changing World：What Teachers Should Learn and Be Able to Do*. San Francisco，CA：Jossey-Bass，2005.

［57］Braun J. A. , Crupler T. P. . The Social Memoir: An Analysis of Developing Reflective Ability in a Preservice Methods Course. *Teaching and Teacher Education*, 2004, 20.

［58］Cheryl S. et al. . Implementing Portfolios in a Teacher Education Program. Clandinin, D. J. & Connelly, F. M. . Teachers' Personal Knowledge: What Counts as Personal in Studies of the Personal. *Journal of Curriculum Studies*, 1987, 19: 487-500.

［59］Connelly, F. M. , Clandinin, D. J. , 何敏芳. 专业知识场景中的教师个人实践知识[J]. 华东师范大学学报(教育科学版), 1996(2).

［60］Edwards S. , Hammer M. . Laura's Story: Using Problem Based Learning in Early Childhood and Primary Teacher Education. *Teaching and Teacher Education*, 2006, 22.

［61］Eick C. J. et al. . Coteaching in a Science Methods Course—A Situated Learning Model of Becoming a Teacher. *Journal of Teacher Education*, 2003, 54(1).

［62］Elliot, J. . Professional Education and the Idea of a Practical Educational Science, in Elliot, J. (Ed.)*Reconstructing Teacher Education*, Basingstoke: Falmer, 1993.

［63］Freese A. R. Reframing One's Teaching: Discovering Our Teacher Selves Through Reflection and Inquiry[J]. *Teaching and Teacher Education*, 2006, 22.

［64］Grossman, P. L. , Richert, A. E. . Unacknowledged Knowledge Growth: A Re-Examination of the Effects of Teacher Education. *Teaching and Teacher Education*, 1988(1).

［65］Klarke, D. , Hollingsworth, H. . Elaborating a Model of Teacher Professional Growth. *Teaching and Teacher Education*, 2002(8).

［66］Leithwood, K. A. . The Principal's Role in Teacher Development, in Fullan, M. and Hargreaves, A. (Eds.)*Teacher Development and Edu-*

cational Change, Basingstoke: Falmer, 1992.

[67]Linda Darling-Hammond, L. & Bransford, J. in collaboration with Pamela LePage, Karen Hammerness, Helen Duffy (Eds). *Preparing Teachers for a Changing World: What Teachers Should Learn and Be Able to Do*. San Francisco, CA: Jossey-Bass, 2005.

[68]Oja, S. N.. Teachers: Ages and Stages of Adult Development, in Holly, M. L. and Mcloughlin, C. S. (Eds.)*Perspectives on Teacher Professional Development*, Basingstoke: Falmer, 1989.

[69] Reid, A., O'Donoghut, M.. Revisiting Enquiry-based Teacher Education in Neo-liberal Times[J]. *Teaching and Teacher Education*. 2004, 20.

[70] Reynolds, M. C. (Ed.). *Knowledge Base for the Beginning Teacher*. New York: Pergamon Press, 1989.

[71]Sam E. et al.. The Use of Technology in Portfolio Assessment of Teacher Education Candidates. *Journal of Technology & Teacher Education*, 2006, 14(1).

[72] Shulman, L. S.. Knowledge and Teaching: Foundations of the New Reform. *Harvard Educational Review*, 1987, 57: 1-22.

[73]Tamir, P.. Professional and Personal Knowledge of Teachers and Teacher Educators. *Teaching and Teacher Education*, 1988(3).